哲学書概説シリーズ Ⅵ

キェルケゴール『死に至る病』

山下 秀智 著

晃 洋 書 房

シリーズ刊行にあたり

このたび「哲学書概説シリーズ」を刊行することになりました。

先の見えない複雑な時代になればなるほど、ひとは考える営為を要し、判断力を養わなければなりません。今こそ哲学の名著を繙き、基礎的思考モデルを東西の叡智に学ぶときではありませんか。

この度の企画は、こうした時代的状況下にあって、改めて見通しの立て難い世界の下での人間の生きざまを顧慮しつつ、特に人生の岐路に立ち竦む若者たちのためになされました。

それぞれの哲学者たちの代表的名著について、これまでおのれの生涯をかけて研鑽してこられた諸先生方に、そうした若者たちに呼び掛ける力強い言葉をお願いしました。紡ぎ出された言葉は、やがて練り上げられあなた方の思惟を形作ることになるでしょう。

困難なこの時代を把握するための思惟の力が、ここに目覚めるに違いありません。

編集委員　木田　元
　　　　　池田善昭
　　　　　三島憲一

目次

第二部　『死に至る病』注釈

凡例

一　本書は、*Sygdommen til Døden*. Af Anti-Climacus. Udgivet af S. Kierkegaard, 1849 の概説書である。邦訳は、筆者の訳を用いた。すなわち、キェルケゴール『死に至る病』創言社、二〇〇七年である（これは、大谷長監修『原典訳記念版キェルケゴール著作全集』第一二巻所収のものを新たに単行本として刊行したものである）。本文中、（　）内の算用数字は、その頁数である。デンマークではこれまで三回著作全集が刊行されており、現在、第四版の全集が刊行されつつある。筆者の訳は、第三版を底本にし、第二版を参照しつつ訳出している。第四版では、『死に至る病』は、二〇〇六年に刊行された第一一巻に収録されている（*Søren Kierkegaards Skrifter*, Redaktion Niels Jørgen Cappelørn, Joakim Garff, Anne Mette Hansen og Jonny Kondrup, Bd.11, Lilien paa Marken og Fuglen under Himlen, Tvende ethisk-religieuse Smaa-Afhandlinger, Sygdommen til Døden, Udgivet af Søren Kierkegaard Forskningscenteret, Gads Forlag. København 2006）。この第四版は、これまでの著作全集に日誌記述等の遺稿も含み、キェルケゴールの全著述を収録した、文字通りの全集となっている。しかも出版とほぼ同時にウェブ上に公開されつつある。筆者も今回、出来うる限りこの第四版を参照した。

一　P. と略して引用してあるのは、キェルケゴールの『遺稿』第二版（*Søren Kierkegaards Papirer*. Udgivne af P. A. Heiberg og V. Kuhr og E. Torsting I–XI3, 1909–48. Anden Udgave ved Niels Thulstrup XII–XIII, 1969–70, XIV–XV, 1975–78）を示す。その次の A・B・C は内容分類略符であり、それに続く算用数字は個々の記述番号である。P. の引用も、第四版刊行以降は変更されるかも知れないが、本書ではこれまでの慣例を踏襲した。

一　H.H. の略号は、『遺稿』の英訳、すなわち、*Søren Kierkegaard's Journals and Papers*. 7 Volumes. Edited and translated by Howard V. Hong and Edna H. Hong. Indiana University Press, 1967–1978 を示す。

一　第一部において、■以下の部分は筆者による解説である。

一　訳文中の〔　〕は筆者による補足である。なお訳文中の傍点は省略した。

はじめに

この小著は、キェルケゴールの『死に至る病』の概説を目的としている。キェルケゴールに関しては、彼の実人生と諸著作の成立は密接に関連しており、著作の理解には、どうしても伝記的叙述が必要である。しかし、紙数の関係もあって、その部分はカットせざるを得なかった。幸いに、すぐれた伝記があるので、紹介しておく。

・Lowrie, W.: *A Short Life of Kierkegaard*, Princeton U. P. 1946.（『キェルケゴール小伝』大谷長訳、創文社、一九五八年）

・Hohlenberg, J.: *Søren Kierkegaard*, Hagerup,1940.（『セーレン・キェルケゴール伝』大谷長他訳、ミネルヴァ書房、一九六七年）

なお、次の書の最初に、筆者による、「キェルケゴールの生涯と思想」の簡単な紹介があるので、参考にされたい。

・大屋憲一・細谷昌志編『キェルケゴールを学ぶ人のために』世界思想社、一九九六年

第一部において、筆者はまず、キェルケゴールの精神、自己に関する見解について、特に『遺稿』

（凡例参照）を素材に若干叙述した（『遺稿』の和訳とそれについての解説を述べている）。それには理由があって、『死に至る病』の冒頭にある、「人間は精神である。では精神とは何であるか？　精神とは自己である。では自己とは何であるか？　自己とは、それ自らに関係するところの、一つの関係である」という一文が、本書理解の要であるにも拘らず、詳細には説明されてこなかったからである。読者は、まずこの文で躓き、先へ読み進む意欲を失う。筆者は、このことを配慮して、まず、精神、自己の概念を見てみることとした。しかし、これも紙数の関係で、十分に紹介できなかった。ただ、キェルケゴールのキリスト教理解の基調となるものを、読者は観取し得るのではないかと思う。なお、著作集よりも膨大な『遺稿』は、キェルケゴールの日誌、著作の草稿、読書ノートなどを収録しているが、翻訳が非常に難しく、読者も一読して内容を十分に理解出来るとは限らない。筆者の解説が、参考になればと思っている。

第二部において、『死に至る病』の内容について注釈を施した。必ずしも『死に至る病』の目次通りに作成したわけではないが、その展開を忠実に追ったつもりである。

なお、全般的に、小著の叙述において、筆者は幾箇所かで、自ら関心のある仏教思想を関連させた。おそらく、余りに主観的な結びつけ方と評される部分があるかもしれない。しかし、キリスト者でない筆者が、真剣にこのキェルケゴールの著作に取り組むためには、筆者自身の宗教的な立脚点に立つ以外に道はなかった。この点から言えば、この小著は、『死に至る病』というきわめてキリスト教的な著作と一日本人との出会いの意味をもっている。

最後に、『死に至る病』において、キェルケゴール自身は、絶望を「病」としてのみ位置づけていると明言している（本書六一頁）。しかし、大谷長博士は、このことは大きな齟齬を来たしていると述べ、『死に至る病』読解に新たな視点を見出している。このことについては、この小著においても、幾箇所かで言及している。

第一部　キェルケゴールの「精神」「自己」概念

第一章　キェルケゴールの「精神」概念

一　精神について

我々が『死に至る病』において、精神と訳している言葉は、キェルケゴールの原文では、Aand（現代ではånd）という言葉である。この言葉は、語源的には、ラテン語のanima（息とか空気）、animus（心）と関連し、又、ギリシャ語のánemos（風）と関連している。英訳では、Aandにspiritという訳語が当てられているが、デンマーク語では、spirituelという単語はあるが、spiritという単語は存在しない（ODS参照）[1]。spirituelについては、aandfuldとかaandrigいう説明がされているから、Aandが、spiritの意味を含んでいることは確かであるが、言葉が違う以上、ぴったりと一致するわけでもない。因みに、独訳ではもちろん、Geistが使われている。しかし、Geistは、原意はErregungであって、これは英語ではghostである。ドイツ語のGeistがドイツ観念論において、大きな役割を果たしていることは周知のことであり、キェルケゴールももちろんドイツ語で諸々の著作を読んでいるのであるから、その辺については周知しているはずである。

以上見てくると、キェルケゴールの Aand がどのような伝統を踏まえているのか、言葉の上だけではよく分からない。しかし、Aand という言葉を使って、キリスト教の伝統に棹差しているのだから、やはり、基本的にはキリスト教の諸概念から見ていくのが本筋であろう。精神と関連する言葉として、聖書では、ヘブライ語でルーアッハ（rûah）とネフェシュ（nepheš）という言葉が用いられている。(2) 普通、前者は霊、後者は魂と訳されているようである。これらのヘブライ語はギリシャ語では、プネウマ（pneuma）とプシュケー（psychē）という言葉に受け継がれる。ルーアッハの意味は、元来、風とか息といった意味であり、創世記第二章第七節で、「主なる神は、土（アダマ）の塵で人（アダム）を形づくり、その鼻に命の息を吹き入れられた。人はこうして生きる者となった」と言われている時の、「命の息」がそれに当たる。(3) 一応の区別をするなら、ルーアッハ（プネウマ）は、人間と神との関連が問題となる場合に使われ、ネフェシュ（プシュケー）は、人間自体が問題となる場合に使われる。人間の魂は、神の霊の働きかけによって覚醒され、霊的存在（精神）へと生成するのであって、他の被造物である動物は、魂はもつが、神の霊の働きに応答することは出来ない。冒頭の「人間は精神である」(19) というキェルケゴールの表現は、「人間は、神の霊の働きかけによって、あるいは、神の霊によって生かされる霊的存在へと、絶えず生成すべきである」といった意味で、当為の意義を含めて考えられねばならない。すなわち、人間が、自然なあり方で、直ちに精神と言われているのではないのである（もちろん、霊的存在になる可能性をもった存在であるという意味で「人間は精神である」という表現も、間違っているとはいえない）。なお、肉体についてであるが、キリスト教においては、心身の二元論は存在しない。魂は、神の霊と呼応することが出来るが、その時に肉体を離れるのではない。それはギリシャ哲学において、霊魂の不死ということが問題になったのと対照的である。

以上は、非常に簡単に、人間における肉体と魂と霊（精神）の有り様に関するキリスト教の立場について述べたが、霊性の問題は実はキリスト教の歴史の中で、錯綜した議論がなされている。しかし、ここではこれ以上深入りは出来ない。ただ、新約聖書において、霊の問題は新たな展開を見せているので、今少し触れておきたい。それはペンテコステ（イエス・キリストの復活後五〇日、すなわち第七日曜日に聖霊が降臨したことを記念する祝日）を転換点として起こった。使徒言行録第二章第三三節には、「それで、イエスは神の右に上げられ、約束された聖霊を御父から受けて注いでくださいました。あなたがたは、今このことを見聞きしているのです」とある。この日を境に、キリスト者は、神の恩寵を現在の事実として受け取る身となったのである。キリスト者は、バプテスマ（洗礼）を通して聖霊に与り、新たな被造物としての人生を歩むこととなった。

筆者はキリスト者ではないので、聖霊の力に与るということを、よく理解できない。しかし、いつも思うのは、例えば、日本の妙好人浅原才市のことである。筆者も島根県温泉津の才市ゆかりの地を訪ねたことがあるが、その際にゆかりの安楽寺のご住職から、当時のお寺に集った人々の写真をいただき、才市の話を伺った。法話を聞いていた才市は、時折、感極まって、「ありがたいなあ」と叫んでは、思わず立ち上がっていたという。才市を打った力は何だったのだろうか。もちろん、法蔵菩薩の本願だっただろうが、しかし、本願はただ、如来の方にあるのではなく、本願力として、才市に働いていたのである。筆者は、こうした力については、少しだが理解できるし、密かに、聖霊の力とはそういうものではないかと推測しているのである。阿弥陀仏は、浄土でじっとその立場を限定しているのではない。スピノザも言うように、「全ての限定は否定である」から、もし阿弥陀仏がそうした限定をもつなら、阿弥陀仏も相対的なものに留まり、阿弥陀仏にならない。才市に働きかけて阿弥陀仏である。南無阿弥陀仏とはそういうことである。神も聖霊の働きの中に存在する以外には、神であり得ない。このような弁証法的関係は、いわゆる三位一体の問題につながる。

二　自然的人間

まず、単に地上的価値尺度でしか生きていない自然的人間（コリントの信徒への手紙一第二章第一四節参照）についての『遺稿』記事から始めよう。

(1)「幼児洗礼。ある程度、幼児洗礼は親の愛すべき誇りの不可欠の部分である。しかしながら、子供が精神としての存在を親に負っていると思うのは間違いである。動物‐存在として彼が自分の存在を両親に負っていることはもちろん喜んで認めよう。しかし、両親は、一人のキリスト者を誕生させることを空想して、得意になって、直ちに子供に洗礼を施さねばならないと思うのだ。否、キリスト教が永遠の決意でもって、両親と子供の間に割り込み、キリスト者になることは人生のずっと後に決定されるという構造は、キリスト教の真剣さの一環である。しかし、『キリスト教界』におけるこの大掛かりな混乱は、恐らくキリスト教に関して最も疎遠な印象しかもたない両親を誕生させ、両親は又キリスト者を誕生させ――かくて続くのだ」（P. X4 A 617）。

■幼児洗礼への批判として、人間は生まれた時には、動物‐存在であり、精神ではなく、精神へと生成する存在であることを明言している。幼児洗礼が親の愛すべきうぬぼれに過ぎず、しかもこの大掛かりな混乱が、いわゆる「キリスト教界」において、真のキリスト教に疎遠なキリスト者を生み出し続けると主張されている。

(2)「新約聖書によれば、キリスト教徒になることは『精神』になることである。新約聖書によれば、精神になることは死ぬこと、世に死ぬ（afdøde）ことである――というのも、新約聖書によれば、いかなる人間も精神としては生まれないからである。自然の誕生によって、人間は肉と血と心であるだけである。それゆえ、この世に死ぬことは分水嶺であって、人はそこで精神になる。自然的人間にとって、死ぬことは何よりも恐るべきことである。この世に死ぬことは、他の全てのあらゆる人間的苦難や悲惨よりも更に恐るべきこと、苦悶に満ちたことである。しかしながら、神は愛ゆえにそれを欲せられる。君よ！　君は罪の恐ろしさに関する神の観念をもってもいないし、救済の栄光に関する神の観念も持ってはいない――もし君がもっているなら、少なくともこのような形で、神が君に慈愛を恵もうとされることに不満など言わないだろう。それは愛からなのだ——彼に躓かぬ者は幸いなるかな！」（P. XI2 A 378）。

▒自然的人間は、肉と血と心（Kjød og Blod og Sjel）からなると明言されている。キェルケゴールは、神のみが厳密な意味で精神であると考えており、ヨハネによる福音書第四章第二四節の「神は精神（霊）である」を踏襲している。この文には、読み取らなければならない問題がある。それは、肉と心の存在である自然的人間にとって、死は最大の恐怖であるが、キリスト者は、この段階からさらに精神へ生成するのであるから、いわば、自然的人間が自然的人間として生きている、いわゆるこの世間、この世というものから抜け出ることになる。このことを、キェルケゴールは「世に死ぬ（afdøde）」という表現で考えており、これが「他の全てのあらゆる人間的苦難や悲惨よりも更に恐るべきこと、苦悶に満ちたことである」と述べるのである。afdøde を私は、「世に死ぬ」と訳したが、**H. H.** が *die to the world* と訳していることを参考にした。この世を、いわば死者のように生きる、死者として生きるという課題が、精神になるということと本質的に結びついているのである。

三　自然的人間と精神の人

次に自然的人間と精神の人を対比している文を見てみよう。

(1)「私にとって、人がある特殊な日時に、特定の宗教的印象をもち得るというのは、不可解な精神

（聖霊）の不在である。例えば、クリスマスではクリスマスの喜びに溢れて聖金曜日（キリストの受難日）に何ら考えが及ばず、聖金曜日（キリストの受難日）には、深い悲しみを持ち寄り、他の何の印象も持たないのだ。それは、宗教がある人にとって全く外的なものである証拠である」（P. X2 A 379）。

▒キェルケゴールが、よく述べる内容である。例えば、一八四八年六月初めの日誌記述（P. IX A 135）には、日曜日で言われたことと、それが平日にどう実践されているかという問題が取り上げられている。いわば、生活の中に信仰があるのか、信仰の中に生活があるのかという、きわめて厳しい尺度が問題となっているのである。

(2)「外部世界においては、農夫が、毒麦（Klinte）を小麦であると信じ、大いに世話を焼き、それらを収穫し、取り入れ、小麦の方を畑に置いて腐らせるという失敗は存在しない。しかるに精神の事柄においては、毒麦を小麦と見做すという錯誤が、この世で普通に起こるのだ。そして、これは不思議でもなんでもない。というのは、精神的に理解されるなら、小麦畑においてさえ、常に、世界の毒麦畑における小麦の茎よりももっと多くの煮ても焼いても食えないような毒麦の花があるからである。そして結果はどうなるかと言うと、優勢なもの、多数なものがはびこり、毒麦の方がずっと多数なので、毒麦が麦であり、麦は毒麦ということになる。もし絶対的に全てがということでなくとも、少なくとも大多数がこれを選ぶなら、結局多数が真理なのだ。精神の世界において、諸概念は外的な現実性をもたず、まさしく諸概念だから、機会があれば、いきなり諸概念は最も多数に都合のよいものに張り替えられるのだ」(P. X3 A 241)。

▨キリスト教界を小麦畑に喩え、そこにある多くの毒麦を皮肉っている。マタイによる福音書第一三章第二四節―第三〇節にある「毒麦の喩え」が下敷きになった文章である。

(3)「凡庸さ(Ubetydelighed)。純粋な人間的見地から言って、人生を可能な限り取るに足らないものにすることは、最も賢いことである(可能な限り理念を欠き、無精神的か、精神を欠いて生きるかすることだ)。というのは、凡庸であればあるほど、人生は容易になるからである。恐らく人はもっと先へ進み、うまく神に気づかれず、神の尺度から遠ざかっていることこそ、最も賢明なことであると考え得るだろう、というのも、もし人が一サンプルとなり、巨大な数の一つとなるなら、どうして神の目は彼に気づくことが出来ようか！　しかしながら、かく考えることは、自らを欺くことである。というのも、まさしくこの理由で、キリスト教は反対側から彼に近づき、その人間に責任を負わせるのである――永遠の貸借対照表を持って――君はキリスト教的なものの尺度を君の人生に適用してきたのかと」(P. XI A 211)。

▨精神と凡庸な生き方が対比されている。無精神的に生きることは人生を容易にし、更には、巨大な数の中に紛れて、神の目も届かないから、いよいよ容易に生きられるのである。無精神性ということは、『死に至る病』でも問題となるが(59以下)、この箇所などを下敷きに考えてみるとよいだろう。

(4)「私――第三者的人格。『精神』であることは『私』であることである。神は『私』(Jeger が複数である点に注意――筆者註）をもつことを欲する。なぜなら、神は愛されることを欲するからである。人間性の関心は至る所で客観性を措定することにある。これは種の範疇の関心（SlægtensKategories Interesse）である。『キリスト教界』は数百万の社会である――全て第三者的人格においてあり、いかなる私でもない」（P. XI1 A 487）。

▒ここで言われる「『精神』であることは『私』であることである」という表現は、まさしく『死に至る病』の冒頭の内容でもある。以下で又、自己概念を問題とするが、神‐関係が成立するためには、人間存在は「私」として規定されるべきなのである。しかし人間社会の関心は、種の範疇の関心であり、そもそも神の愛は決してそこでは現実化しない。神の愛が現実化しないということは、人間社会では真実の愛が現実化しないということでもある（現実化しないからといって、社会を無視するのではもちろんない。むしろ、精神の人こそ、真実に社会的問題に切り結ぶことが出来るのである）。神の前に立つ単独者こそ、真実の愛の根源であり、愛の共同体の基盤なのである。

(5)「精神として生きるということ。人生が単に落ち度がないだけでなく、人間的に見て、非常に厳格で純粋であるとしても、なおも、『罪の肉体』（パウロのように）として彼の肉体について語る程に、極めて厳しく生きること――それが精神である。信仰でないものが罪であると語られるのと同様に、肉体が精神に従順でなくなると同時に、肉体は、精神が欲するものをあらゆる点で欲せず（最小のことでも）、最も短い瞬間以上のあらゆる瞬間においてすら欲しないのだ――そしてそれが罪の肉体なのである。しかし、我々の時代において、そのようなことは最早かけらも問題とされていない」（P. XII A 524）。

■精神として生きることがいかなることとかが述べられている。いかに世間的に厳格で純粋な生き様であっても、なおも「罪の身体」として自分を見ることが、精神として生きることである。この文章で言われる「最も短い瞬間以上のあらゆる瞬間」（ethvert Øieblik end det korteste）という言葉は、意識にのぼらないような無意識的な刹那を言っているのではないかと思う。それは、仏教では唯識派が言うところの末那識の働きと通じるのではなかろうか。

（6）「精神であること。肉体と血と感覚的なもの（Sandselighed）。――精神はそれらの反対である。……肉体と血が最も恐れるのは何だろうか。死である。だから精神は死のうとすること（at ville døe）、世に死ぬこと（at afdøe）である。ちなみに、世に死ぬことは死ぬことよりも高い完璧な力強い苦悩である、というのも、死ぬことは単に苦しむことであるが、世に死ぬことは自発的に同じ苦悩へと自ら強いることとなのだから。さらに、死ぬことはどちらかというと短い持続時間であるが、世に死ぬことは、生涯全体にわたることとなのだから。ここから又、よく言われるように、死の床でなぜ多くの人がキリスト者に成るかということも説明される。しかし、これは疑わしいことなのだ。キリスト教は悲観主義である。死の床で、この人生の一切が失われる時、キリスト教を選択することは、キリスト教をある種の楽観主義にすることである。……キリスト教が廃棄することを望むのは肉体であり、人生における肉体と血への執着である。キリスト教は人間が精神であるべきであると欲する。これは世に死ぬことによって表現される。しかし一人の人間が死の床に横たわり、キリスト教にしがみつく時、それは肉体と血の最後の策略のように見える。ここには、転換（Forvandling）（回心）が起こったという（そして精神になったという）何の保証もないのだ」（P. XI1 A 558）。

▒キリスト教は単に死ぬことではなく、世に死ぬことであると言われている。臨終の床でキリスト教にしがみつくことは、決して本来のキリスト教ではない。キェルケゴールはあくまでも、血と肉と感性に死ぬことこそが、精神として生きることであるとしている。因みに、ここで言われていることは、日本浄土教における、臨終往生の問題に対する、親鸞の平生業成の立場と共通点をもっていることを指摘しておきたい。

四　死、時と永遠、内在と超越

(1)「数日前には気落ちし、気が弱かったのに、今や突然、信仰と勇気と、キリストのためには命をはじめ全てを捧げる決意をもつに至った、使徒たちにおける変化を、一体説明するものは何なのだろうか。通常答えはこうである、ペンテコステにおける聖霊の媒介（den Hellig-Aands-Meddelelse paa Pintsefesten）である、と。そしてこの変化は奇蹟が関連しなければならない証《あかし》として提供される。一方、問題の他の側面も指摘されねばならない。キリストが彼らと共にいた限り、彼らは真に彼らの地上的な願望を放棄することは出来なかっただろう（キリストは言っている――聖霊が来得るために、私は去らねばならない、と）（ヨハネによる福音書第一六章第七節――筆者註）。キリストが十字架の死を死に、埋葬された時、そのことは彼らにとって真剣なこととなった。全ての地上的な希望は失われた――そしてここに彼らの再生（復活）が存する（og her ligger deres Gjenfødelse.）。キリストの苦悩と死という最も厳粛な証は助けにはならない。それを言うのが彼であるという事実、彼が個人的に彼らと共にいるという事実は、まさしく彼らをして本当にそれを信じることが出来ないようにさせているのである。それが真剣になるのだ。ここに我々は、直接伝達と間接伝達の相違を見るのである。彼が実際に死んだ時、そこには間接伝達があった。ここから我々は、次のことが、いかに理不尽なことであったかを見るのである（それは又、Wolfenbüttelschen Fragment, Vom Zwecke Jesu und seiner Jünger. I, para. 32, 33 に見られる）、そのことは、使徒たちが最初の内、イエスを地上の救い主（メシア）と見做したが、イエスが死んで初めて彼らの見方を変え、彼を世界の贖い主、救い主としたことである。このことは全く真実であるが、欠陥はキリストにはない。キリストはそのことを十分に彼らに告げたのだが、彼らが理解しなかっただけなのである。以上のことは、聖霊（精神）がただ間接的にのみ伝達され得るということを意味する。彼が個人的に彼ら使徒と共にいた時には、彼がはっきりと言ったにも拘らず、彼らは誤解したのだ――彼が死んだときに初めて、彼ら自身精神となったのであり、彼を理解したのだ。その状況は今も現在しているのである。そのことは万人に当てはまる。ここには、可能性において理解することと（それは常に誤解であるような理解である）現実性において理解することとの相違が存する。ある人間が非常に自己犠牲的な計画を考えたとしても、現実性の真剣さ（Virkelighedens Alvor）にならない限り、彼は地上的な希望がこっそり入り込むことに対して自己を防御することは出来ないし、この世で勝利することさえ可能なのだ。彼はまだ精神にはならなかったのだ。『可能性』においては、精神になることは不可能である。それが現実になり、全ての地上的な希望が現実に失われる時に初めて、彼は生まれ変わって（gjenfødes）、最初から幾分かは理解していたのだが、その内に誤解がまどろんでいたような事柄を、真に理解するのである。かくして精神は、精神として統合され（slutter Aanden sig sammen som Aand）、今や純粋に精神的－諸力をもつのである」（P. XI A 417）。

■この文章は、非常に重要な問題を多く含んでいる。普通の人にとっても、死は厳しい現実である。厳しい厳粛な、真剣な事実である。自分の死に際しても、人の死に際しても、ここでキェルケゴールが言っている「現実性の真剣さ」（Virkelighedens Alvor）ということを、身をもって体験する。葬式においては、だれしも神妙である。この神妙という言葉さえ、我々が問題にしている精神概念の生成と関連している。普通の人にとっても、死は最後の厳粛な別れである。もう二度と、亡くなった父や母とは会うことは出来ない。それでは、父や母は、私の中から消え失せるのだろうか。そうではない。父や母が何気なく言った言葉は、むしろ生前よりも心に迫ってくることがある。父や母のゆかりの品に触れる時、父や母のしぐさまで生き生きと思い出すのである。キェルケゴールほど、肉親の死と向かい合った人間もいない。兄弟は次々と死に逝き、死はキェルケゴール一族を覆いつくしていた。彼自身は他の兄弟姉妹の死期と考え合わせて、三三歳までしか生き得ないと確信していた。だから一八四七年五月五日に三四回目の誕生日を迎えた時、なんという驚くべきことかと、兄ペーター宛の手紙に、その驚きを記している。彼は著作のいくつかを父ミカエルに捧げている。それはただ懐かしい思いからではない。むしろ、自分の人生を決定付けた人との新たな出会いの反復なのだ。死によって、父との出会いが反復される(受け取り直される)。ここにキェルケゴールの受け取り直し(Gjentagelse)の概念も、その基盤を得ているのである。死は、問題を人間の内面性へと持ち込む。ハイデガーでも、死の先駆性の分析は、民族精神への参加の「決意」(Entschlossenheit)にまで通じている。文字通りそれは決意であって、他者との代理不可能性をもっているのである。木村無相は「みな死ぬる　人とおもえば　なつかしき[4]」と、死の代理不可能性から、他者との深い共感までうたっているのである。理不尽な犯罪等に巻き込まれて亡くなった人の肉親が、何らかの理由づけをもって、自分の中で納得するまで苦しむのも、死は、死に行く人の問題であるばかりでなく、残された人間の、魂の課題でもあるのである。——さて、こうして、普通の人間においても、真剣な、厳粛な事実である死が、宗教的に大きな意味をもつのは当然であろう。キェルケゴールはこの文章で、ヨハネによる福音書第一六章第七節を引用している。この箇所(第七節-第一四節)でイエスは、自分の死が弟子たちの益になることを告げ、救い主である聖霊がいかなる働きをするか具に述べている。この世の人たちは、弟子たちの説教によって、罪が何であり、義が何であるかについて真実を知るであろうし、弟子たちは、あらゆる真理に導かれ、又イエスには栄光が齎されると言われている。イエスの十字架上の死によって、イエスが生前にその生身の身をもって語った言葉は、一人一人の使徒の魂の中で蘇り、復活する。それは、とりもなおさず、使徒が精神となることである。直接伝達では果たしえなかった精神への生成が、今や間接伝達となって、真に現実の真剣さを帯びるのである。目前に見、聞いた言葉は、一人一人のものとなる。これをキェルケゴールは、Tilegnelse（自己化）という言葉で生涯使い続けた。キリスト教を知るということは、たくさんのキリスト教に関する知識をもつことや、関連する著作を読むことではない。「自らものとすること」なのである。このことが分からない人は、知識へと走る。筆者は、この問題は、仏教においても同じなのではないかと思っている。仏陀は八〇歳で死ぬ。残された弟子たちは、悲嘆に暮れるのであるが、その死によって、仏陀の言葉は、初めて弟子達のものとなるのである。法が法となるのである。――死は我々の生きる現代では、隠蔽されるべきもの、回避するべきものと位置づけられている。しかし、死は人間にとって、真の再生、復活を齎すものなのである。そのことが、全く見えなくなっているのではないだろうか。精神という言葉は、死においてものを見ることに始まる。むずかしく超越という言葉を使わなくても、超越とは死において、死者の目をもって生きることなのである。それは宮沢賢治の作品群にも如実に表れている。なお、西田幾多郎において、やはり死の問題は大きい。おそらく絶対無の具体的な体験は、ご子息の死などにより、より深められたのではないだろうか。この点については別稿とする（なお、P. XI A 624にも、同様の問題が指摘されている）。

(2)「私の不幸は、私が余りに理念的に、あるいは余りに憂愁をもって（tungsindigt）理念的に生きてきたということである。もし人が明日死ぬと思うなら、彼は思いきり飲み食いしようと言うか、更に理念的な印象を持ってこの日を満たそうとするかである。……ここで我々は、『まず、神の国を求めよ』（マタイによる福音書第六章第三三節参照——筆者註）という小さなコメンタリーを見るのだ。ある人の前に長い人生が存在するという感覚的‐心的印象は、すなわち人間をして実際的に（praktisk）なるように、自ら人生に適応するように等々駆り立てる。しかし精神の‐印象（Aands-Indtrykket）は、今日生きることである。『長いこれから』（en lang Fremtid）という範疇は、『今日』という範疇よりずっと低い範疇である。三〇年、四〇年といった、長いこれからは、感覚的‐心的規定であり、人間が不死の精神を持っていることの何の証明にもならない。それは先を見る動物的本能に対応するものに過ぎない。『先を見る』（Forsynlighed）は感覚的‐心的規定に対応するのである」（P. X1 A 652）。

▒ここでは、霊性と時間との関連が披瀝されている。「思い切り飲み食いしよう」という言葉は、コリントの信徒への手紙一第一五章第三二節を参照。まだ人生が長いという考えから、人は人生を実利的に考え、それに自ら適応するように駆り立てられる。しかし、精神であることは、今日生きることであり、「長いこれから」ということは、これよりずっと低い範疇であるとキェルケゴールは言うのである。精神であることは、(1)でも分かるように聖霊の働きに与って生きることである。それは時の中で永遠なるものと共に生きることである。キェルケゴールは、『哲学的断片』や『不安の概念』その他で、彼の「瞬間」（Øieblik）

概念の形成に努めた。瞬間は時と永遠が交わる時であり（『不安の概念』においては、瞬間は、「永遠のアトム」として規定されている）、神が受肉して、この世に来たった瞬間でもあり、又、聖霊の働きに与る瞬間、精神として生きる瞬間でもある。この時、この瞬間は普通の空間化された時間概念とは質的に異なっている。この瞬間を生きるかどうかに、人生を「空過」（世親の『浄土論』の言葉を借りれば）してしまうかどうかがかかっている。[5] このことは、宗教的実存が問題になるところでは、諸宗教異なることがない。イスラムのサフル・イブン＝アブディッラーにとって、神以外のものを見ることは神以外のものに己を引き渡すことである。観想者の一生はその人が観想している時間であり、肉眼でものを見る人生は生きてはいない。バーヤズィードは、歳を聞かれて四歳と答えたと言う。それは、神アッラーとの呼応の瞬間がそれだけあったということなのである。キェルケゴールは、その人生の最後を、デンマーク国教会との孤独な闘いの中に閉じた。その際に発行した冊子のタイトルが『瞬間』である。この世の「生」にしか価値を見出さない、それゆえ、「生」を空過している社会に向けての最後のメッセージがそこに書かれている。

(3)「コリントの信徒への手紙一第二章第一五節。精神的な人は一切を判断するが、その人自身はだれからも判断されない。すなわち精神的な人は全ての下位の現存在を解釈するための力と鍵をもっているのである。こうである限り、自らよりも上のもの以外には、彼は誰によっても判断されえないのである」（P. X2 A 65）。

■ここでは、内在と超越のテーマが記されていると思われる。内在は超越の場からしか、明らかとはならない。仏教でも、仏々相念ということが言われ、仏の世界は仏しか分からないのである。『死に至る病』では、このことは「真理はそれ自身と虚偽との指標である」(59) と表現されている（本書八八頁参照）。そこでは「真理の頑固さ」という言葉も用いられている。コリントの信徒への手紙一第二章第一二節の文を参照。

五　精神の出会う困難

(1)「精神であることと（それは、私にとって人間的に喜ばしい一切が私から取り去られ得るということをいつも理解出来ていることだが）、同時に、精神であることに喜びを感じることが出来るということは、現代の発明（Påfund）である（その基礎には、いつでも全てが取り去られるという考えを、人が実存的に真剣に自覚していないということがある）、――かくして、この思想は、この世的な物事を享受することを決して妨害などしない。しかし、人が真剣に精神に成ろうとする瞬間に、直ちにある結果が現れるのであって、それは、この世的なもの一切が、その人にとって消失するということなのだ。もし我々が、今日の生活において、神の前に誠実であるべきなら、次のように語るべきだろう、すなわち、私は、精神に成ることが実際、要請であることを十分に理解しているが、もう少し猶予していただけませんか、と。そのような考えを余りに近く私に持ち込まないようにしていただけませんか、と。というのも、私はまだ子供のようにこの地上の物事を楽しみたいからです、ああ神よ、私はまだほんの子供ですから、今以上に私を強くなどさせないでください」（P. X3 A 705）。

■精神であることは、現代において非常に低く見積もられ、精神的であることによって、直接的な喜びが人間に齎されるという誤解が蔓延している。本当は真剣に精神であろうとすると、この世的な一切を投げ捨てるような要請がはっきりと見えてくるはずなのである。現代のスピリチュアルという言葉の使用にもこのような誤解があるのではないか。

(2)「精神的試練（Anfægtelse）の比喩の中に、唯一つの水源（泉）しか持たない町が攻略されるという比喩がある。何事も最初の前提が必要なのだ。しかし人間はそれを除きたがる。人は安易な生活を持ちたいと思う、そして、キリスト教的なものやキリストの贖罪を信ずることはその次なのだ。しかし、贖罪を信ずることはユダヤの民が荒野で蛇によって攻撃され、モーゼが十字の印を掲げた時の、あの話に象徴的に描かれている。贖罪を信ずることは、蛇に噛まれることを意味する、そして噛み傷が痛み、人間をしてただ次のこと、すなわち蛇が殺されるという可能性だけを考えるように誘惑する。それから、信ずることが来るのだ。蛇に噛まれた全ての人が決心し、贖罪を信ずるべく恩寵を見出すことが出来るとは限らない」（P. VIII1 A 48）。

■キェルケゴールは、信仰、贖罪への信仰、恩寵は、まず前提となる最初の事柄、すなわち精神的試練が必須であるということをここで述べているのである。唯一つの泉しかもたない町が攻撃されること、大蛇に噛まれることから、信仰の問題は開始する。まず安易な生活を求めて、それから信仰生活を考えるという、世間的な順序は、転倒しているのである。なお、民数記第二一章第六節以下参照。

(3)「罪と精神的試練の違いは（というのも、両者の諸状況は非常に類似しているからである）、罪の誘惑が快楽と共にあるのに対して、精神的試練の誘惑は快楽に対立していることである。それゆえ、逆の戦略が採用されねばならない。快楽によって誘惑される者は、十分に危険を避け得る。しかし精神的試練への関係においては、これがまさしく危険なのだ。というのは、彼が危険を避けることによって自らを救おうと考える度に、危険はもっと大きくなるからである。官能的人間は見ることや誘惑から逃れるだけの賢明さをもつが、快楽が決して誘惑するものではなく、むしろそれと接触することに不安を感じるような人間にとっては（そう、彼は精神的試練の内にあるのだ）、見ることや誘惑を逃れることは賢明ではない。というのは、精神的試練は、恐怖を自らの生命に与えて、自分を不安の内に拘留すること以外の何ものも欲しないからである」（P. VIII1 A 93）。

▩ここに、精神的試練（Anfægtelse）という言葉が出てくるが、若干説明しなければならない。Anfægtelseという言葉は、キリスト教的な意味では、tvivl（懐疑）やfristelse（誘惑）を意味し、いわゆる「主の祈り」の六番目の祈りにある「我らを試みに遭わせず悪より救い出したまえ」の「試み」に当たる。この概念をH.H. は spiritual trial と訳しており、筆者もこれを踏襲することとした。ここでは「罪の誘惑が快楽と共にあるのに対して、精神的試練の誘惑は快楽に対立している」とある。罪を犯さないかという不安をもち、誘惑するものと接触することさえ避けようとするのが、精神的試練の中にいるということなのである。

このような試練の中にある人間に対しては、見ることや誘惑を逃れることは賢明ではないと、キェルケゴールは述べている。深い宗教的実存の有り様であるが、私はこのことを、『歎異抄』第一条にある「悪をもおそるべからず」という言葉によって考えてみたい。悪への不安の囚人となった人間も、悪を恐れている。しかし、この立場は、神への従順ではない。むしろ、十字架上の死によって贖罪を現実化した神への不服従である。善悪の基準を自分の中にもとうとすることである。信仰をもつということは、このような自己の尺度も擲って、一切を神に委ねることでなければならない。普遍的な倫理的段階を越えることである。親鸞においても、弥陀の本願に出会うことは、「悪をもおそるべからず」という地平へと乗り出すことであった。ちなみに、「主の祈り」の「我らを試みに遭わせず悪より救い出したまえ」いう言葉は、ここのキェルケゴールの考えとはかなりかけ離れている。又、実際にキリスト教の中では問題とされている箇所である。(6)

(4)「人間的に言って、ヨブの妻はある意味で正しかった。というのも、人がかくも苦しんでいる時に、にもかかわらず神は愛であるという思想によって痛めつけられるということは、人間的には真に巨大な更なる付加だからである。……苦痛は、神（全能者）（彼は容易に助けることが出来る存在なのだ）によって救いのないままに放置されていることから生じる。あるいは又、悟性を十字架に架けて（Korsfæstelse）、このような全事態にもかかわらず神は愛であり、生起することが皆、自分自身のためであると考えねばならないことから生じる。……絶望を緩和する局面は、絶望が耐えられないという、自己自身との純然たる合意である。神の観念のもつ執拗さは、苦悩が単に耐えられるべきであるだけでなく、それが善であり、愛の神からの賜物であるということを理解しなければならないということである。……最初のレッスンは、ただ、直接に神観念を把握するということである。それによって人は救いを得る。第二のレッスンは（そしてここに精神的試練が存するのだが）、あたかも神観念そのものが、人の苦しみを強化するかのようにあるということである。ここでは、信仰において持ちこたえることが問題である。もし君が神を手放さないなら、この苦しみが利益であったということを、幸いにも神に同意することで終るだろう。なぜなら、神は無条件に義であるからである。ああ、しかし至福の極点は、人間的に言って、神の正義に反すると見える場合でも、神が正義であるということを認めることである。神は無条件に信じられることを欲せられる。彼、無限者は、信仰の価を無限に引き上げること以外の何ものも為されない。ああ、信ずることは幸いなるかな。価が高くなればなるほど、より信ずることは幸いとなる。もし君が心から信仰を買うなら、それだけ幸いである」（P. XI A 478）。

■いかなる絶望においても、なおも「悟性を十字架に架け」、神の愛を信ずることの重要性が説かれている。絶望者は、この苦悩は耐えられないと、自己自身と合意しようとする。この絶望は絶望的だと自らを言いくるめ、絶望を緩和しようとする。しかし、このような極限に置いてもなお、無条件に信ずることを、神は欲せられるのである。

(5)「精神を試みる諸思想。キリスト者であることに関係する苦悩は、悪魔からやってくるという解釈は真にキリスト教的解釈ではなく、苦悩は神‐関係そのものからやってくると私が言う時、このことはもちろん、ある意味において苦悩は個人そのものからやってくるということ、彼の主体性が直接的に、又完全に神に服従することが出来ないという事実からやってくるということを意味する。……事実はこうである。神が人間を愛し、人間が神に愛される時、利己的意志（我執）をもった人間としては、人間は完全に粉砕されなければならない。これが、世に死ぬことの意味することである、それは最も激しい苦悶である。（Dette er det at afdøe, den intensiveste Qval.）しかし、彼の最も良い意志と一致した宗教的人間が、このことを充分に意志するとしても、彼は即座には、完全に彼の意志、彼の主体性を、彼の内なる良い意志の力の内に宿すことは出来ない。……いかなる宗教的人間も、最も純粋な宗教的人間さえ、ただ神が欲せられるものを欲するような、際立った純化された主体性、純粋な透明性（reen Gjennemsigtighed）を持ってはいない。かくして、彼の元々の主体性の残余は残っており、なおも完全に貫徹されたものではなく、残余の深層部分は捕えられておらず、彼の魂の深みにおいて（i hans Sjels Dyb）、未だ発見されていない——ここから、諸々の反動があるのだ」（P. XI2 A 132）。

▨金子大榮は「念仏は自我崩壊の呼び声である」と言っているが、自我崩壊は、一度で貫徹するものではない。「未だ……ない」が常に存する。このキェルケゴールの文章は、唯識派の末那識の論述を見るようである。キェルケゴールは、人間の魂の深みをこのように見ているのである。

注

（1）ODSとは、Ordbog over det Danske Sprog（デンマーク語大辞典）の略。
（2）相浦忠雄他編『聖書辞典』日本基督教団出版局、一九九一年参照。
（3）以下、聖書の引用は「新共同訳」による。
（4）木村無相『念仏詩抄』永田文昌堂、一九七三年、五〇頁。
（5）『真宗聖教全書』一、三経七祖部、大八木興文堂、一九六七年、二〇七頁。そこには、「観仏本願力　遇無空過者」とある。
（6）A・リチャードソン、J・ボウデン編『キリスト教神学事典』教文館、一九九五年、五七一頁参照。

第二章　キェルケゴールの「自己」概念

一　自己について

宗教はある意味で、自己の究明（己事究明）を課題としている。そのことは仏教においても、仏陀の「自灯明・法灯明」、臨済の「一無位の真人」、道元の「仏道をならうというは、自己をならうなり」、さらには親鸞の「二種深信」などに、典型的に表現されている。キェルケゴールの人間観においても、真実の自己の究明が何よりも重要である。

キェルケゴールの「自己」概念について、以下に『遺稿』の言葉をいくつか紹介するわけであるが、ここでは、最も基本的なことを三点ばかり、述べておきたい。第一は自己が派生されたものであること、第二は、自己が絶えず生成するものであること、第三は、自己の存在の重さである。

先ず第一についてであるが、八木重吉に、ヨハネによる福音書の冒頭をモチーフに書かれた次のような詩がある。

「貫ぬく　光」

はじめに　ひかりがありました
ひかりは　哀しかったのです

ひかりは
ありと　あらゆるものを
つらぬいて　ながれました
あらゆるものに　息を　あたえました
にんげんのこころも
ひかりのなかに　うまれました
いつまでも　いつまでも
かなしかれ　と祝福《いわわ》れながら

この詩において、人間の心も光りの中に生まれました、と詩人は歌っている。『死に至る病』は又「自己論」とも言えるが、キェルケゴールにおける自己は、一切を貫いて流れる光りの中に誕生したものである。『死に至る病』で言えば、派生的な、措定された自己であり、何によって措定されているかと言えば、「他者」によってである(20)。もちろんこの他者は神を意味するが、ここでは神概念そのものを扱う余裕がないので、次の一文のみを取り上げたい。

「何度も、人生を通じて日毎(hver evige Dag)、あなたは最初に私たちを愛される。私たちが朝目覚めて、あなたに思いを向ける時、――あなたは最初の御方(den Første)であり、あなたは、先ず私たちを愛される。たとえ私が夜明けに立ち上がって、祈りにおいて私の思いをあなたに向ける時でさえ、あなたは私にとって余りにも先んじておられる(Du kommer mig i Forkjøbet.)。あなたが私をまず愛されるのだ。私が全ての散漫から私の思いを集中しあなたを深く思う時、あなたは先ず最初の御方である」(P. X3 A 421)。

ここでは、神が、常に最初の御方であると言われている。事実が真実であるのは、仏教で言えばそれが縁起法だからであり、あるいは西田哲学で言えば、絶対無の自己限定だからである。我々が勝手な思いで、言葉で分節化しながら生きているその一歩前に、永遠の生命(＝神)は、刻々と働いているのである。筆者の関心ある浄土教で言えば、南無阿弥陀仏において、南無が生起するのは、無量寿(阿弥陀)の働きが先行してである。如来の本願は、私の思いに先立って、もうそこに働いている。かくして我々は、麤《そ》なる私の思い(右の言葉では「散漫」状態)と細《さい》なる如来の働きの別を徹底的に自覚すべきなのである。このことが、今引用したキェルケゴールの言葉にも明確に記されている。しかるに、この思う我こそ自己であるとしたところに、西洋近代の出発点があった。レス・コギタンスとしての主体を確立したデカルトは、神の存在証明に向かうが、キェルケゴールはこうした証明を全く認めていない。（キェルケゴールとデカルトの関係については、本書七八頁参照）。それは思いの前に生きて働いている永遠の生命を感得した宗教的立場にとっては、当然のことであろう。キェルケゴールは、人間は自力で神を求めても、抽象的な神観念に到達出来るだけであり、いかなる神の証明によっても、真性の現実性としての神には到達できないとしている。そのことは、例えば次の文などに典型的に表れている。

「天にまします神は、全ての人に愛を差し伸べる、しかし誰一人としてそれに気がつかない。たかだか、牧師は神が愛であることを、三つの理由で証明するのが落ちである。――結局、牧師の言う三つの理由などというものは、キリスト教が現状において、力がなくなった最大の理由なのだ。それは、何もかも証明されるべきだという不遜な倒錯なのだ。真実恋をしている者で、恋の至福を三つの根本理由などで証明しようとする者など、一体いるだろうか。しかし、人が最早信仰を持っていないということが事実なのだ――ああ、人々はわずかな学問性（Videnskabelighed）の義足によって、自らを救おうとしているのだ！」（P. VIII1 A 327）。

さらに言えば、思惟する我と、永遠の生命としての神は、絶対的に矛盾している。これも、余り知られていない、キェルケゴールの言葉であるが、P. XI2 A 171 には、「神は人間に無限に近く、同時に又、無限に遠い」と記されている。西田幾多郎が引用する大燈国師の言葉によく似た表現であるが、このことが言えるのは、我々が、神によって刻々と創造せられつつあるにもかかわらず（その意味では、神は、近いというよりも、自己に即しているのである)、その根本地盤を離陸して、思う我になるからである。思惟実体としてのデカルト的主体をもってしては、生ける神は無限に遠いのである。

第二に、自己は常に生成しつつある。それは、「自らに関係する関係」(本書六四頁参照)だからであり、『死に至る病』で分析展開される種々の絶望状態にあってもそうであり、信仰状態にあっても変わりはない。特に信仰者になると、あたかもどこか陸地に到着したように考えるのは、全くの誤解である。P. X2 A 494 には、次のように記されている。

「一体どれぐらいの人が、現実に神‐関係をもつに至ると、人生が疲労困憊するものになるかということを理解しているだろうか。完全に習慣的な保証(日常的な安定)が奪われること(大抵の人は、ある年齢に達すると、彼らの成長も終息し、生活も単なる繰り返しになり、そう、ほとんど定期的反復に過ぎなくなるのだが)、ただそのことが起こるのだ、そう、安定の保証が完全に奪われるのだ! その一方で、日常的な畏れとおののきが、毎日毎日、またその日の全ての瞬間、最大の重要性をもつ決断の内へと入り込むのである――正確に言えば、全ての精神の‐実存(enhver Aands-Existents)は、「七万尋の水上」に存在するのだから、こうした畏れとおののきの場に生きることになるのだ」。「七万尋の水上」(paa de "70000 Favne Vand")はキェルケゴールがよく用いた言葉で、信仰に生きるとは、一人、水上を泳ぐようなものであることを示している。

第三に、自己の存在の重さについてであるが、キェルケゴールのよく使う表現である「神の前に立つ単独者」ということで考えて見たい。筆者は、キェルケゴールの den Enkelte を単独者と訳すことに、いささか躊躇したことがあった。それは、この訳語には、独我論的な意味を含んだ強い自意識をもった存在といった感じがあるが、それは、キェルケゴールの考えているニュアンスとは全く違っているからである。キェルケゴールの自己は、隔離された、絶海の孤島にいるのではない。大海の一滴でありながら、海を構成しているかけがえのない存在が den Enkelte なのである。先に述べた、永遠の生命（＝神）との関係を自覚した存在というのが、本来の意味である（しかし、単独者という表現は、既に定着しているので、筆者もこれを用いる）。

この単独者の意義について、神‐関係の中で考えてみよう。キェルケゴールによれば、ただ信仰者の信仰の飛躍の敢行においてのみ、神は人間にとって現実性となる。飛躍以前には、神は現実には人間にとって実存せず、神はただ抽象的な可能性に過ぎない。キェルケゴールはこのことを端的に「内在的に（抽象の想像的媒介において）、神は実存しないし、現存しない。……実存する人格が信仰をもたないなら、彼にとって神は存在しないし、現存しない」（P. VIII A 139）と記すのである。同様の問題を、筆者は曾我量深の「我如来を信ずるが故に如来在ます也」(1)という主張に見ている。この法話において、曾我量深は、清沢満之の影響下、如来は、信のある自己にとってのみ存在すると主張している。『教行信証』の「教」巻「行」巻を前編と位置付け、そこでは、如来ましますが故に信ずることが出来るのであって、我々は、「おとなしく信ずる、信ずべき」であるが、「信」巻に至っては、信あるが故に如来ましますと言わなければならないと主張している。この主張は一見、曾我量深の独創のようにみえるが、『教行信証』の「信」巻における「真仏弟子」の個所の善導大師の「ただ念仏のもののみありて光摂をかうぶる」(2)という一文に充分に根拠があるのである。外的・客観的に如来の存在は言えるのではなく、真仏弟子の「信」が無ければ、如来も又、その働きようがなく、存在しないも同然なのである。この発言は、むしろ、真の仏弟子であることが如何に責任があるかを証している。筆者なりの言葉で言うなら、如来が私を救うのは当然であるが、救う如来を救うのは真仏弟子の「信楽」なのである。

以上の論述によって、宗教における自己存在の重みが、うかがわれるのではないかと思う。だからこそ、イエス・キリストは「全て労する者、重荷を負う者、我に来たれ、我汝らを休ません」と叫ぶのであるが、しかも「まるで救う必要のために苦悩する人々を必要とする貧窮の人であるかのように」叫ぶのである（『キリスト教への修練』招きの個所参照）。

二　人格（私）として生きるとは

(1)「古代においては、自分自身について三人称を用いる（なぜなら、人の生は単なる事実にすぎないから）。これに対するのは、敢えて極端に『私』を言うことであり、直接に自分自身について最高度に言うことである。このことが神‐人（Gud‐Mennesket）に表現されている。もし神‐人が、三人称の人になる方向で偉大なら、神‐人でなくなるだろう」（P. X2 A 78）。

■人間の魂（心）が、聖霊の息吹に浴するところに霊的存在としての自己が現成する。神‐関係がそこに存在する。キリスト教的な意味において、本来的な人間とは、この自己であり、「私」である。世間で通用する三人称の関係は、この「私」を知らない。この文章で注目されるのは、神‐人という表現において、この問題を捉えていることである。筆者に思い起こされるのは、絶対無の自己限定において成り立つ自己である。神が人となったという逆説は、人という概念を極限にまで拡大した。それは有限な拡大でなく、無限の拡大である。そのことが、述語なき自己として捉えられる（以下の(3)を参照）。

(2)「しかしながら、アウグスティヌスは数え切れない害をなした。何世紀にもわたって、教義の全体系が彼に依存している――そして彼は『信仰』の概念を混乱させた。率直に言って、彼はプラトン‐アリストテレス的定義、信仰についてのギリシャ哲学的な異教徒の定義全体を回復させた。……ギリシャ的見解によれば、信仰は知的な領域に属する概念である。……キリスト教的には、信仰は実存的なものに故郷をもつ。……信仰は人格（Personlighed）に対する人格の関係の表現なのだ。人格は諸命題の集合ではないし、直接的に接近できるものでもない。人格は自らの内への屈曲（et ind i sig selv Bøiet）であり、囲い（et Clausum）、聖域（et αδυτον）、秘儀（et μυστηριον）である。人格は『内在』（Det derinde）である。それゆえに『ペルソナ』という言葉は示唆的なのだ。自身、人格である人は、この内在へと関係しなければならない。人格と人格の間には、なんら他の関係は不可能である。最も熱烈に愛し合っている恋人同士を考えても見よ、彼らは二つの身体において一つの心（een Sjel i to Legemer）なのだ。どちらも、他人が彼や彼女を愛することなど決して信じえないのだ。人格としての神と実存する信仰者の間の純粋な人格的関係において、信仰は存する」（P. XII A 237）。

▩キェルケゴールのアウグスティヌスに対する見解は、いつも二義的である。ここでは、原始キリスト教の信仰が、既に彼によって異教になったと断罪されている。⑴において、人格（本来的人間）が無限の奥行きをもった存在と言われたが、ここでは、諸命題の集合ではなく、直接的に接近できるものでもないと記されている。そういう外面性は、精神や自己とは無関係である。人格としての神という表現は、何か外面的なものと誤解されやすいが、内へ向かって無限に果て無い存在と考えねばならない。この無限、永遠（神）と呼応するところに人格（霊性をもった人間存在）が現成するのである。なお、自己について、ギリシャ語で聖域とか秘儀とかという言葉をキェルケゴールは記している。特に聖域という言葉には、場所的意味合いがあり、一考に値する。

⑶「述語無き存在（Den prædikatløse Væren）。ヤハウェは、私はあるものである、私はあると言う（出エジプト記第三章第一四節参照——筆者註）。これが最高の存在なのだ。けれどもこのように存在することは我々人間にとって余りにも高く、余りにも真剣なことがらである。そのために我々は何かになろうとし、又何かであることはより容易なことなのだ。……たいていの人は、あるいは少なくともほとんどの人は、彼の存在が存在することであるなら（同語反復であるが）、自分自身に対する不安で死ぬだろう。

彼らは自分自身を見つめることよりも、このように存在することに、ずっと不安を感じるのだ。かくして彼らの状況は軽減される。軽減は、例えば、私は首相、デンマークのナイト、手数料を購入している装甲部隊のメンバー、市会議員、クラブの部長等の肩書きによって行われる。より深い意味では、これら全ては気晴らしなのだ。けれども、繰り返すが、人間はおそらく本当の真剣さに耐えることが出来ない。私が激しく批判しているのは、気晴らしを真剣さにする欺瞞である。しかし、恐らく私は間違っているのだ。なぜなら一般に、人間はこれこそ真剣さであるという錯覚の内に生きることが許されないなら、決して持ちこたえられないだろうから。……疑いも無く、これら全ての多くの述語が実際気晴らしであり、気散じなのだ。それらは人間が存在することに関する最も深い印象を妨げるのである。ああしかし、人間性は本来的な真剣さの印象に耐えることから何と無限に遠のいていることだろう、それは、この述語的存在を、まさしくキリスト教としたという事実から最もよく分かるのだ。今日、人間はこの人生の真剣さに余りに耐え得なくなったので、この気晴らしこそキリスト教であると自らを欺くまでに至っている」(P. XII A 284)。

▨ここには、パスカルが気晴らし (divertissement) として述べ、ハイデガーが、人間の頽落態 (Verfallenheit) として分析した人間の状況が述べられている。述語的なものに真剣さを見つけて生きることが人間には一番分かりやすく、安易なのだ。しかし、キェルケゴールによれば、ただ存在することのみで生きることこそ真実の真剣さである。つまり、常に、瞬間毎に、神‐関係に生きることこそ重要なのである。神＝生命であり、この生命の息吹を受けつつ生きること、そのことだけが真の生なのである。なお、述語的なものに執着する世間においては、比較ということが重要となる。しかし、人格間の関係においては、一切の比較が為されない（このことについては、P. IX A 199を参照）。ちなみに、キェルケゴールの「愛」の概念においては、自己否定と不変性などが論じられるが、この比較を絶するということも重要な愛の属性である（『愛の業』参照）。

(4)「真に成熟した人格は、鳩がよくなじんだ鳩小屋に属するように、自分自身に属するのである。人は望むだけ多く、それを売り歩くことが出来るが、それは常に鳩小屋に戻ってくるのである」（P. IV A 155）。

▒ 鳩が常に鳩小屋に戻ってくるように、真の人格は、常に自分自身に依拠するのである。この自分自身は、神 - 関係において存在する自己である。八木重吉に「心よ」という詩がある。

「心よ」

こころよ

では　いっておいで

しかし

また　もどっておいでね
やっぱり
ここが　いいのだに
こころよ
では　行っておいで

　筆者はかねがねこの詩一つで宗教というものが説明できるのではないかと思ってきた。詩人は、煩悩によって、心がころころと出歩くことをしっかりと自覚している。世間というものは、そうした出歩く心で成り立っているのである。心はいったん外へ出歩くと、その歩みを止めない（すなわち、いったん妄念が生じると、雪だるまのように、どんどん大きくなるのである）。しかも、妄念だけの存在は、この成り行きを全く知らないのである。キェルケゴールが、絶望的無知を論じるゆえんである。詩人は、神‐関係の場においで、その霊性の場において、はっきりと出歩く心を見つめている。そして、優しく「戻っておいでね」と呼びかけている。

(5)「至る所で、人格（Personlighed）が格下げされることによって、キリスト教は廃棄された。人は、一人の私（et Jeg）がある種の暴君であろうとするのを恐れているように見える。それゆえ全ての私が水平化され、ある客観性の背後に押しやられなければならないのだ。私は『私は神が存在するのを信ずる』と言うべきではないのだ――私は、『これがキリスト教の教義であり、それを信ずる』といわねばならない。しかしそれでは、この私は最早普遍的な私であり、私の人格的私ではない。至る所、教義と客観性がある。そして人は至る所で、一人の人間が直接神に関係するのだという印象を得ることから阻害される。時々牧師が説教壇で、彼の私を使うのなら、それは許される、なぜなら、説教壇の彼の私は、厳密な意味では、彼の人格的私とは取られないで、一種の劇の上での私であり、公務員としての私なのだから。学者然とした解説者が、しばしば苛立ちながら、著者と彼を好む読者の間に割って入るように、又毎日の新聞が、苛立ちながら真性の文学と読者の間に介在するように、客観性が至る所で苛立ちながら、神と現実性（Gud og Virkeligheden）の間に滑り込み、神をこっそりと遥か遠くへ遠ざけたのだ。教義が客観的なものであり、私の私（mit Jeg）がそれを人格的に自己化（tilegne sig）すべきであり、だから私は現実性においては一人称で語るべきであるという代わりに、人は私の私を放棄し、客観的に語るべきであるということになってしまった。というのも、世界において支配すべきものが、私に働きかける神であってはならず、客観性、抽象性であるべきであり、単独的私は、そうした客観性、抽象性に、樹における葉っぱのように、種の元での動物のように関係すべきであるということになったのだから」（P. X2 A 145）。

(5) 特に説明のいらない文である。現代では、一匹の犬としてより、犬種として見る方が、犬を見る正しい見方となったのである。

三　現在への収斂と自己

(1)「人が決断（Afgjørelse）の本質的な印象を、可能性においてであっても経験することができるなら（そこには最早気晴らしなど無く、逃避も無く、出かけて、人々に交わり徒党を組んだり、他人のようにあることによって自らを慰めたり、時間を過ごすために新たな計画を立てたりすることも無いのだ――というのは、決定的な危険は時が無いということにあるのだから）――そこに正しい決断がある。もし現実に起こる人生の危機の最も決定的瞬間において、人が呼ぶことを望み得る唯一の名があるとしたら、それはキリストの御名である。彼が求めている慰めはイエス・キリストである。キリストこそ彼が一切の信頼を置くことができる唯一の見えるものであり、――ここにこそそれが正しい決断であるという証拠があるのだ。それは又、すべての理解と思弁そして概念化することが本質的でないという証明である、なぜならこのようなことのためには充分な時間がいるからである。しかし、決定的な人生観は、最早なんらの時間も残っていない時に、満足しうる人生観であるべきである。十字架上の盗賊が彼の全ての心を一つの望みに集中させた時（キリストが彼の王国で自分のことを思うという）――それこそが内面性の永遠の決断であり、それにはなんら理解のための長い時間など要しないのだ。所詮、この理解のための長い時間というものは、魅惑的な発明にすぎない。課題は、決断の印象を保持しつつ、時間の内でこの決断を守ることなのだ」（P. VIII A 138）。

▒ここには、人生の最も危機的な時において、真剣な決断が行われると言われる。その際には、最早気晴らしや人との交わりや新たな人生の計画など、全く入る余地が無いのである。筆者には、曇鸞大師の「無間心」という言葉が思い起こされる。それは、最早何事も間に合わない瞬間である。『論註』のいわゆる八番問答の中で、造罪は有後心（後ありと思う心）と有間心（雑念）によって生じるといわれ、それに対するのが、無後心、無間心である。金子大榮師は、忍成寮司という僧について述べている[3]。ある朝、托鉢中に馬に乗せられ刑場へと曳かれていく科人と出会い、その科人から、「私のような悪人でも救われるか」と聞かれる。彼は、「お念仏を称えよ、助かるやも知れん」と答える。仕置場で、その科人は、彼を遥かに見て、ありがとうございましたと繰り返し叫んだというのである。筆者の印象に残っている話である。二河白道の譬喩において、三定死ということが言われるが、まさしく、そこにおいて一筋の道が開けるのである。なお、十字架上の盗賊については、ルカによる福音書第二三章第四二節参照。

(2)「全ての人間は、偉大な人や、大きな出来事等と同時的であり、又同時的になることを望む。しかし神は、いかに多くの人が真に自己自身と同時的に生きているかを知っている。自己自身と同時的であることは（それゆえ恐れや期待の未来でもなく、過去でもなく）、純なる安らかさ（Gjennemsigtighed i Ro）の内にある。そしてこのことは、神-関係においてのみ可能であり、あるいはそれが神関係なのだ」。

▒「純なる安らかさ」と訳したのは、直訳すれば、「安らかさに於ける透明性」ということで、この透明性という言葉は、『死に至る病』では、絶望が根絶された時の自己の状態を述べた箇所で使われている。すなわち、「自己自身に関係し、自己自身であろうと欲することにおいて、自己は自己を措定した力の内に、透明に（gjennemsigtigt）基礎を置いている」とある（21）。自己の真実の基礎、場所は、自己を措定した力であり、神である。ここでは、本来的に人間は、常にこの力の内に存在しているのであると明言されている。常にそうした自己自身と同時的に生きているのである。ただそのことを忘れて、未来を恐れたり、期待したり、過去を引きずりつつ生きているのが、凡夫の日常である。そうした妄念を捨てて、純粋にこの聖霊の働きの中に生きることが信仰である。それは清沢満之の言葉で言うならば、「現在安住」ということである。

(3)「神と人間の間の関係は全く単純である。人間は、神が彼に啓示、徴《しるし》などを与えることを要求してはならない。否、人間は自己自身であるために率直さ（frimodighed）をもたねばならない、もし持ち得ないなら、この率直さについて祈ることから始めねばならない。率直さはこの自己が（dette Selv）重要であるということを考慮して言われるのではなく、神の愛が無限であることを考慮して言われるのである。……かくして人間は次のように振舞う。もし彼が責任をもって、物事をどうすべきかはっきりする場合には――当然、それは罪深く不信心なものであってはならないが――彼はそれを為す、彼は神が啓示によって介入し彼にそれが愚かだから止めよということなど待ちはしない。否、人間は進んでそれを為す。しかし、彼がそれを為している間、彼は神に呼びかけ言うのである、このように私は問題に取り組んでいます。私が完全に間違った形でそれをしているかもしれません。又、多くの不快な諸結果を持つかもしれません。しかし、現在これ以上のことを知らないのです。又私は自分が、なされねばならないことを回避しようとしていないことをしっかりと知っています。したがって私はそれを今、しています。しかし私はあなたに告げ、あなたに呼びかけます、なぜなら、あなたは実際私の父であるからであり、私が理解できないところの愛であり給うからです。私が私の手から私の行為を抜け出させる時、私は無条件の服従において、あなたに行為と私を委ねます。どうか御心のままになさってください。このように、最も愚かな行為でさえ結局は善になるということを私は確信しています。おお、人間がこの援助をもつということは何たることか、そしてこの援助こそ全き愛なのだ！」(P. IX A 182)。

■この文章の中に、「現在これ以上のことを知らないのです」という言葉があるので、この箇所で取り上げた。ここには率直さということが言われる。私が一生懸命に善行為を為そうとすることは非常に重要であり、そこには率直さが存する。しかし、この率直さは、自分を重視しているのではなく、無限の神の愛を感じることから出てくる。行為は、愚かに終るかもしれない。しかし、常に私は神と語らうのである。そして、全力を尽くし、後は無条件に父たる神に委ねるのである。常に語らい得ることこそ、神の援助（Assistence）であり、この援助こそが神の全き（idel）愛である。

四　理念と自己、自己を憎むこと

(1)「理念（Ideal）に向かう全てのステップは、後退である。というのも、前進とは、まさしく私が、理念の完成を見出すことに存するからである。――その結果、私は理念からの距離がますます増大することを自覚するのである。人は利己的に理念を愛することが出来ない。というのも、その場合前進は、私が直接的に理念により近づく場合にのみ、私を幸福にするだろうから――確かにある意味において私は、理念が余りに完全でないことを望むのであり、あるいは、その完全性について余りに知ろうとはしないのだ――理念達成がよりよく進むために。本当に理念を愛すること（その結果前進は後退となり、あるいは私がさらに一層完全にその理念の極地を見るが故に、私が前進することは、敬意から後退することを意味するのである）は、それゆえ自分自身を憎むようになることなのだ」（P. X3 A 509）。

▨この文章は、宗教性というものを的確に表現している。理念、あるいはこの上ない理想に向かう時、その前進の一歩一歩において、私は一歩一歩後退せざるを得ない。理想を実現しようとする情熱が強ければ強いほど、出来ない自分に気づくことになる。ますます理想から遠のく自分となるのである。理念を愛するとは、「どんなもんだ、この私は」といった、利己的な人間のあり方からは、決して出てこない。前進が後退であるというこの弁証法は、宗教的実存の展開にとって、非常に重要な論理であり、『死に至る病』においては、信仰の前進が、絶望の深化と切り離せないという形で問題となる。神‐関係は、神からの無限の遠ざかりにおいて本格的となるのである。西田幾多郎が取り上げる大燈国師の「億劫相別、而須臾不離、尽日相対、而刹那不対」の引用などにも、この間の消息が示されている。

(2)「根本的に言って、取るに足らぬ者が、理念に近づき得るなどと思うことは、ある種の虚栄心なのではないのか。否、ある人が、朗らかな勇気と確信をもって、子供のように、出来る限りのことをし、ある時はユーモラスな喜びを持ち、ある時は畏れとおののきにおいて、自分が価値無き存在と思い——しかし又再び元気を出し、少なくとも理念を理解していることを何よりも喜び、理念がこのように自分を越えていることに幸福を感じ、自分自身を無と化す(Tilintetgjørelse)ことに、言い知れぬ喜びを感じる——それは虚栄心などではない」(P. X3 A 525)。

▩かなり長い文章の一部の引用なので、趣旨が伝わるかどうか心配であるが、ここでは、先ず理念をもつことが、世間的な意味で、有能な者であるとか、取るに足らない者であるとかと無関係であると述べられている。そのような尺度と関係なく、理念に向かって率直に努め励むことが大切なのである。いたずらに世間的な意味で自分を卑下することは、傲慢である。率直な理念への志向は、人を明るく朗らかにし、又自己を誤魔化すことなく無化出来るのである。この上ない理念、理想こそ、真に人間を謙虚にさせ元気にさせ、明るい社会を形成する根本である。

(3)「自己自身を憎むこと(At hade sig selv)。率直に、隠し立てすることなく諸理念を持ちたいと望むことは、既に自己を憎む途上にあるのだ。自己自身を愛する者は、公然とは理念をもちたいとは思わないだろう、というのも、そうなると自己満足的な人生の享楽が妨げられるからである」(P. XI2 A 313)。

■理念、理想を持つことは、それ自体、自分勝手な生き方を許さないことである。理念を今、使命（Bestemmelse）と置き換えて考えてみたい。真実の使命をもつと、現在の自己の主観的欲望で、恣意的、断片的に時間を過ごすことが出来なくなる（時間を生きることは又自己を生きることであるから、恣意的、断片的に時間を過ごす場合には、そこには恣意的、断片的自己が存在するだけである）。使命とは、未だ実現していない（noch nicht）事柄が、単に未来としてあるだけでなく、現在へと既に（schon）将来するものである。この場合の将来は、波多野精一が使った意味で用いられている。すなわち、「将《まさ》に今に来る」のである。この時、「今」は主観的に生きられず、使命への一歩として生きられるのである。マザー・テレサは、ダージリンへの旅の途中で、神の声を聞いた。すなわち、最も貧しい人と共に生きよと。かくして、彼女の人生はこの使命の将来と共にあった。デンマーク語の Bestemmelse は、ドイツ語では Bestimmung である。Bestimmung は自己が限定されることでもある。キェルケゴールは既にいわゆる「ギーレライエの手記」において、「私の私」という言葉を使っている。理念に生きることにおいて、自己が自己となるのである。その自己は、自愛の対象である自己ではなく、むしろ自愛を憎む自己でもある。「憎む」（hade）という言葉について一言するなら、訳としては強すぎる感じもする。先に八木重吉の詩を引用したが、あの詩において詩人は、彷徨い出る自分の心をしっかりと見つめ、最早信用していない。hade（憎む）とは、自分自身を信用しないことである。

(4)「自分自身を憎むこと。それは今や、次のように理解されるべきである。君が何かに利己的な、あるいは感覚的な欲望をもっていることを発見するや否や、君はそれを自己否定においてあきらめねばならない。そしてもしすぐにはそれに成功しないなら、あきらめる努力をする方向で、特別な警察の監視のもとに置かれねばならない。しかし見よ、君がその方向に働けば働くほど、最終的な成功の確信が増せば増すほど、ある種の自己愛が突然目覚めるのだ（それは自己自身を憎むことによって撃退されねばならない）。はっきり言うが、無しで済ませることができるという満足が、我執（Selviskhed）になり得るのである。かくしてある意味において、本当に放棄することに成功できないことがあるということ、あるいは一層特定できるものがあるということを見出すことは、まさしく自己を憎むことなのである。実際、究極的に純粋な精神になることは、最大の自己満足の可能性たり得るのである。かくして打ち勝つことの出来ないことがあるということ、それ無しで済ますことに成功できない特殊なことがあるということは、謙虚にしかし幸いに自己を放棄するべく、自己を憎むことたり得るのだ。そう、自己の弱さの記念、形見、思い出の種（Memento）として、幾つかのそのようなものをそのままにしておくことは、自己を憎むことなのである。しかしながらこの問題は各人の正直さ、誠実さ（Redelighed）にまで引き上げられねばならない、というのは、それは容易に仮面、偽装（Skalkeskjul）となりうるのだから」（P. X5 A 53）。

▒ この文には、宗教的な自我性（我執）の問題が興味深く述べられている。感覚的欲望を断念する時、断念に成功出来たという満足、慢心が頭をもたげる。人間の自己中心性、我執は、意識的な領域だけの退治では済まない。唯識派が末那識を発見したように、キェルケゴールはここで、心の深みにあるやりきれない自己中心性を見つめている。そして、そのレベルの我執を含めて、自己を憎む必要を説いているのである。純粋な精神になることは最高の理念であるが、そこに到達したという慢心が、最終的な局面で、純粋な精神であることを妨げるのである。それは神に最も近づきつつ、最終的に神に背反する、きわめて深い罪である。この問題は、親鸞の思想では、三願転入論の第二〇願の危機と関連する。念仏者に成ったという慢心は、捨てがたい慢心なのであり、念仏を己の手柄とすることであり、如来に背くことである。しかし、この自覚において、初めて真の自己放棄、自己を憎むということが成立する。「自己を憎む」という表現は、この徹底した自己放棄、自己否定を意味している。

(5)「キリストの弟子であることに対する諸要求は、新約聖書（すべてを放棄すること、自分自身、自分の生命を憎むことなど）に見出され得る。これを真剣に受けとめる人（彼は全てを放棄し、彼自身を憎むのだが）に対して、すなわち弟子に対して、世界中で何が起こるかが新約聖書に述べられている。新約聖書は、彼が万人に憎まれるであろうこと、呪われ、嫌われるであろうことを赤裸々に明らかにしている——かくして、人はそのようなことに自らを曝け出すことを厭わないために自らを憎まなければならないのだ（キリスト教は、結局のところ、なんと一貫していることか！）……公式なキリスト教の説教は、神を愛することは自分自身を愛することである、本当にこの人生を楽しむために、人は神の協力を得なくてはならないと教える。又、永遠の救済への期待こそ、この人生の喜びと祝福を味わい深くする要因であると教える（ミュンスター監督）。……そしてこのように教えることによって、何百万というキリスト教徒を獲得した。それで、もしキリスト教が自分自身を憎むことを意味するなら、あるいはこのことがキリスト教の要求であると認めることを要求されるなら、そのことだけで、平均的な人間をキリスト教支持に持ち込むことは決して出来ない」（P. X5 A 58）。

▒キリスト教は、キリスト者が、世間で憎まれ、呪われることを明言している。それに身を晒すためには、キリスト者は日常の自分（すなわち保身する自分）を否定せざるを得ない。このことをキェルケゴールは、自らを憎むと表現しているのである。一方で、公的なキリスト教（それはミュンスター監督に代表されるが）は、神を愛することは自分を愛することであり、祝福ある人生には神の協力が不可欠であると教える。

(6)「真剣にキリスト者になることが問題となるような地点にまで、誰かが人生において悲惨に、不幸になった時、次の二つの内の一つが起こるだろう。一つは、精神の勝利せる喜びを得るべく突き進むことに成功しないが、にもかかわらずキリスト教に関係し続けようとする場合であり、その際世間は彼を、自らを不幸にしている人間として嘲笑するであろう。もう一つの場合は、精神の勝利せる喜びを得るために突き進むことに成功する場合である。その時には、キリストが彼の弟子たちに予言したことが彼に起こるだろう。……彼は殺されるであろう――キリストの名において、キリストに仕えるという名目で！――彼は呪われ、嫌われる、そう、終始『利己主義者』（Egoist）という悪口を大声で言われるであろう。ある意味で、世間がこのように語らねばならないことを私は理解できる。どんな利己性も神的なものの利己性ではない、神的な意味での利己性とは、キリスト教によれば、神が愛されることを欲するように、愛されることを欲することであり、それは又、父や母を憎むような地点まで人を導くのである！　真のキリスト者は、自己自身を救うべく、神と関係すべく、かくも自己自身を気高く愛する、ああ、何たる利己性！　彼は世間を憎み自己自身を憎み、世代を、友人を憎むほどなのだ。否、世間は、他の何よりも、精神が何であるかを体現しているような者を憎むのである。感覚的な者にとって、一〇万人の盗賊や強盗といえども、精神を体現し、全ての世俗性を爆破する一人のキリスト者程には、危険ではない。なぜなら、彼らはひたすら感覚的なものしか自分の人生にもたないのだから。感覚的なものに支配された世間にとって、最も危険な者は、精神を表現しているキリスト者であり、それは一〇万人の盗賊の危険性よりももっと大きい危険性を孕んでいるのである」（P. X4 A 508）。

▒キリストが弟子たちに預言した言葉というのは、マタイによる福音書第一〇章第二二節の「また、わたしの名のために、あなたがたはすべての人に憎まれる。しかし、最後まで耐え忍ぶ者は救われる」と、ヨハネによる福音書第一六章第二節の「人々はあなたがたを会堂から追放するだろう。しかも、あなたがたを殺す者が皆、自分は神に奉仕していると考える時が来る」が念頭に置かれている。この文章で、世間的な意味で利己的になることと、神と関係するために自己自身となることが、徹底的に区別されていることに注意しなければならない。後者こそ、真の自己（精神）になることであり、そのことのためには、世俗的自己や父や母、友人を憎むことすら起こり得るのである。

五　良心、意志と自己

(1)「実際、人格を構成するものは良心（Samvittighed）である。人格は、良心の可能性において、神に知られることによって確立される個別の規定性である。というのも、良心は眠り得るが、しかし良心の可能性は構成するもの（det Constituerende）だからである。さもなければ、規定性は一時的な契機となる。神との共知（Guds Samviden）が定着、確認であるのに対して、規定性の意識、自己意識さえ、ただ規定性がそれ自らに関係する関係に過ぎないなら、構成的なものではない」（P. VIII A 10）。

▒この文章は難解である。人間において良心は眠っていることが出来るが、しかし、良心に目覚める可能性はいかなる人にも存在していて、この良心の可能性において、人間は神に知られるのであり、そこに「私」が確立する。『死に至る病』においては、「彼ら（人間）は神の前に常に単独者であったし、又現にそうである。ガラスケースの中に座っている人でも、神の前に透明である人程には恥ずかしがりはしない。これは良心‐関係（Samvittigheds-Forholdet）なのだ」（168）と記されている。良心の可能性は、一時的なものではなく、神の前の単独者として、人間の人格を形成する重要な要石なのである。このことをキェルケゴールは、「構成するもの」という言葉で表現している。一方で、単なる私の意識、自意識というものは、いかに自覚的になっても、真に人格を構成する要素ではない。

(2)「今日、本物の人間が生まれていない。それはちょうど、ある種の穀物や果物が同じ名前を持つが、完全に違った種類であるといわれるのと同じだ。……人間が生まれていない、というのは、彼らには主体性（Subjektivitet）がないからである。主体性は精神への関係を規定するものであり、あるいは精神の可能性である。主体性、この『私』は、絶え間なく私を思い出させ、奮い立たせ、一切を自らに適応する（anvender Alt paa sig selv）。私は、栄光あるものを見、聞くことで、直ちにそれを自己に人格的に適応する（strax henfører det til sig）。『どのようにそれは君と関係するのか、君はこの方向で努力するのか等』と。この『私』は、倫理的なものを条件付ける不眠不休なものである（Det Jeg, der er den Søvnløshed som betinger det Ethiske.）。しかしながら今日人間は主体性なくして生まれている。それはちょうど取っ手のないナイフ、先端の無い矢のようなものである。何百万の人が、ただこの人生の有限な目標にかかりっきりで生きている。……助教授である上級の人々、彼らも主体性を欠いている。まるで不完全な、鈍感な客観性、標本のようなものしかもたない。無条件に最高のものへと主体性を燃え立たせるようとするものと正反対に、人類の罪に対する神的な苦悩、『我に倣え』という叫びと正反対に、――彼らは非人間的に客観的なままに留まる。――私が言うまでもなく、彼らは人間ではない。彼らは客観的にそれらを講義するのだから。かくして又、苦悩を余儀なくされ、倣いを求められる全ての他の栄光あるものに関しても同様である。彼らはそれに対して客観的に留まり、講義するのである。さらに悪いことには、このような平静（Ro）は彼らの内なるより良いものとの長い格闘の後で、即ち彼らの良心との長い格闘の後で到達されたものではないということである。そうではなく、彼らの平静はもともと備わったものであり、自己の内に勝利されるべきなんらより良いものを持っていない。逆に彼らは、かくも講義できる栄光に満ちた人間だと考えているのだ。見よ！　これが無精神性（Aandløshed）というものなのだ。なぜなら、犯罪を犯すことが直ちに良心喪失態（Samvittighedløshed）ではなく、喜ばしき良心（bona conscientia）を犯しているように、粗野にも何か栄光あることを為していると考える人間は、良心喪失態であり、かくして実際、これが精神であると考える形での精神なき無精神性なのだ」（P. XII A 450）。

■良心喪失態といった言葉が出ているので、ここに引用した。内容は分かりやすく、説明がいらない程である。キェルケゴールがいう、主体性（私）、精神、人格、良心といった諸概念がいかに密接に関連しているかが分かる。

(3)「個人に存する資質（Dygtighed）は、彼の理解することと意志することとの間にある距離によって測ることが出来る。人間が理解できることを、彼は又意志できるように自分を強いることが出来ねばならない。理解することと意志することとの間に、諸々の弁解と諸々の回避が存するのである」（P. VIII A 68）。

■カント倫理学に通じるような発言である。現代人は、さまざまなことを理解し、頭に詰め込んでいるが、自ら意志して何かを行うということに無頓着である。『死に至る病』では、認識と意志との関係は、数箇所で問題となる（本書九〇、一一一、一一四頁参照）。

注

（1）『曽我量深選集』第十二巻、弥生書房、一九七七年、一四三頁以下参照。
（2）金子大榮校訂『教行信証』（岩波文庫本）、一九九一年、一八七頁。
（3）金子大榮『歎異抄聞思録』上、コマ文庫、一九八六年、一八一頁以下。

第二部　『死に至る病』注釈

一　表　題

キェルケゴールは、『死に至る病』という表題が余りに抒情詩的であり、弁証法的な厳格な内容と齟齬をきたすのではないかと考えていた。P. VIII1 A 651に、次のように自ら報告している。「一八四八年五月一三日。『死に至る病』に関する報告。この本はある困難をもっている。それは、修辞的なもの、覚醒的なもの、魅惑的なものを適切に使用するには、この本が余りに弁証法的であり厳密である点である。表題そのものは、まるでそれが談話であることを示すかのように見える、つまり表題は叙情詩的なのだ」。さらに、この記述の余白には、次のように記されている。「もしそれが修辞的に構成されるべきなら、特定の主要な諸点の下で編集されねばならず、その各々が一つの談話になるだろう。『死に至る病』という表現によって理解されねばならないもの。第一。その隠蔽性（Skjulthed）。この病をもつ人、あるいはこの病をもつ誰もが、それを隠したがるが、それだけではない。否、恐ろしいことは、この病がかくも深く隠されているので、人はそれと知ることなくこの病をもっているということである。第二。その普遍性。全ての他の病は、あれこれのやり方で限定されている、例えば気候や年齢などによって。第三。その継続性。あらゆる年齢を通じて継続し――そう、永遠まで継続する。第四。この病はどこに位置しているか。自己の内に。自己をもっていることについての絶望的無知。自己をもっていることに気づきつつ、絶望して自己自身であろうとしないこと、あるいは絶望して自己自身であろうとすること。しかし、問題は、課題が修辞的に構成するには余りに大きいことである、修辞的に構成する場合には、全ての個々の形態が、詩的に描写されねばならないだろう。弁証法的なものの代数学（Det Dialektiskes Bogstavregning）がもっと良く機能するだろう」。最後に言われている「弁証法的なものの代数学」という言葉は理解しにくいが、著作の体系的・階層的構造を意味しており、(1)それは我々が目にする『死に至る病』の目次にも現れている。

この表題は、何度も書き改められている。当初は単に「キリスト教的、建徳的論述」とだけ書かれていたが、この「建徳的」が後に「心理学的」と書き直されている。「心理学的」という言葉は、『不安の概念』の副題にも見出されるが、キェルケゴールのいう「心理学」の概念は、今日の心理学とはほとんど無関係である。本書でも、この言葉は、決して典型的な心理状態の描写を目指して用いられているのではなく、ホーレンベーァの言葉を用いるならば、「人間の魂の最も隠された秘密について、最高の真剣さと鋭敏さをもって遂行された一経験」に対して用いられているのである。(2)「建徳と覚醒のため」も草稿の段階から紆余曲折を経て、最終的に付加された。「建徳」（Opbyggelse）は、英訳では edification, upbuilding 等に訳され、独訳では Erbauung と訳されている。『愛の業』第二部の最初で、(3)キェルケゴールはこの語について詳しく説明している。そこでは「土台から建てる」という意義が強調され、単なる量的な知識の集積を事とするのではなく、ひたすら精神の深みから信仰を打ち建てることを意味するとしている。キェルケゴールは、この言葉を普通、「建徳的」談話という表現で用いている。

彼には、自らに説教者としての権威はないのだ、という自覚があり（それは単に否定的な意味においてではなく、いわゆる説教の在り方に対する積極的批判も含むのであるが）、「説教」よりは「談話」（Taler）が、「建徳のための」談話より、「建徳的」談話という言い方が取られたのである。この言い方にはあまり違いがないように見えるが、ここには自らの資格を厳しく問うキェルケゴールの姿勢を伺うことが出来よう（例えば P. XI A 56 等参照）。然るに、本書『死に至る病』では「建徳のために」（Til Opbyggelse）という表現がなされた。おそらくこれは、従来と違った異常に高いキリスト教的立場から書かれているためであろうが、そのことと本書の仮名アンチ - クリマクスとは大いに関係がある（以下に説明）。「覚醒」（Opvækkelse）は、文字通り、眠っている者を目覚めさせるという意味であるが、本書では、もちろん宗教的な意義が付与されている。眠っている者が眠りを自覚しないように、眠りと覚醒の間には、質的な飛躍が存在する。絶望は絶望の地平からは明らかにならない。その意味でも『死に至る病』は、イエス・キリストの「我に来たれ！」という招きを根本的に前提としているのである（このことは、絶望はあくまでも本書において「病」として理解されているという（12）、キェルケゴールの言葉と矛盾するが、それについても以下に説明）。

アンチ - クリマクスという仮名は、ヨハネス - クリマクスと対立したものである。『ヨハネス - クリマクス、或いは全てのものについて疑われるべし』（P. IV B1）で初めて用いられたヨハネス - クリマクスという仮名は、『哲学的断片』や『哲学的断片への結びの学問外れな後書』でも用いられ、絶対的な真理に向かって、人知の階梯（クリマックス）によって到達しようとする、待機し実験する人物である。これに対し、アンチ‐クリマクスは異常な程のキリスト者として位置づけられている。これらの仮名に対して、キェルケゴール自身が何処に位置付けられるかは、それ自体重要な問題である（P. X2 A 147, X1 A 150 等を参照）。先にも述べたように、『死に至る病』のようなキリスト教的著作を世に出す資格、権利が自分にはあるのかということを、キェルケゴールはことさら悩んだ。この悩みが、実名でなく、新たな仮名で出版するということで解決したのである。P. X2 A 147 には次のように記されている。「もし、このこと（すなわち新たな仮名を思いつくこと――筆者註）が起こらなかったなら、私は疑いもなく毎週このおろかな考え（すなわち自分の名で一切を出版すること――筆者註）を実行しようという思いに連れ戻されたであろう、そして多分動揺させられたであろう。今や、作品は動き始めた、仮名が確立された、私は再び呼吸が出来、安らぎを得、極度の緊張の幻影から解き放たれた」。呼吸が出来る（Jeg fik Luft.）ということは、『死に至る病』でも、矛盾と関連して述べられていることからも察せられる如く（55）、この仮名は彼の直面した矛盾を解消してくれたのであった。

P. X1 A 517 には、ヨハネス‐クリマクスとアンチ‐クリマクスが共通点をもちつつも、前者が自らを低く置いて、キリスト者でない立場に甘んじているのに対して、後者は、彼自身異常な程のキリスト者であると考えているふしが見受けられるとしている。アンチ‐クリマクスは自己と理念を混同している程のキリスト者であるが、しかし、彼の理念の叙述は全く正しく、私（キェルケゴール）もそれに身を屈する者であると述べ、又、「私はヨハネス－クリマクスより高く、又、アンチ－クリマクスより低く自らを規定するものである」と述べている。なお、同様の趣旨のことが、ラスムス・ニェルセン宛の手紙にも見られる。(4) nr. 213には、ヨハネス－クリマクスは自らキリスト者であることを否定し、間接的攻撃をなすのみであって、その結果一切を諧謔の内に解消するだけであるのに対して、アンチ－クリマクスは自らキリスト者であることを否定せず、明らかに直接的攻撃をなす者であると述べられている。Nr. 219においては、「クリマクス＝アンチ－クリマクス」が実に適切な警句であるとし、人々は著作の内容を完全に忘れても、この糸口を通して、多くのヒントを得続けることが出来るだろうと述べられている。

二　ドイツ語の詩の引用

P. VIII2 B 171, 6には、「アルベルティ司教による説教。O. L. Bヴォルフ博士編『ドイツ弁論術教本』第一部、二九三頁参照」(en Prædiken af Biskop Albertini cfr. Handbuch deutscher Bedeдsamkeit. v. Dr. O. L. B. Wolff Leipzig 1845. 1ste D. p. 293) と記され、後に削除されている。この引用において、この世的な真理と汝の側にある真理との質的な断絶が対比されている。この世的な真理は、カント的な用語で言えば、どこまでも仮言的(hypothetisch)であり、条件付(bedingt)である。いわゆる処世訓等はその典型である。そうしたこの世的な尺度に対してはどうかよく見えない眼を下さいというのがこのモットーである。そして、永遠の真理に対してのみ、常に晴れやかな眼を与え給えと祈るのである。無条件、無制約なものに接触するためには、どうしてもこの一途さが必要である。それは一切の計らいを絶した定言的（kategorisch）なものである。

三　序　言

キリスト教的論述は、いかにそれが厳密であっても建徳的でなければならないと言われる。建徳的でないような学問は、それゆえに非キリスト教的である。宗教的真理をその思弁的体系の中にきっちりと位置づけたヘーゲルの哲学は、その壮大な体系にもかかわらず、概念知に宗教的真理を封じた点で、キリスト教とは似ても似つかぬものである、とキェルケゴールは主張する。概念知で頭脳を一杯にすることと、ひとり、宗教的真理を「自己化」すること（Tilegnelse）とは、まるっきり違うことなのである。後者の知り方は、本当に、心底うなずけるかどうかである。自分が本当にうなずけたかどうかに誠実であることは、非常に深刻な課題である。この点に集中することが真剣さ（Alvor）と言われる。

なお、この「序言」の終わりで、キェルケゴールは、「この作品全体において、絶望は薬としてではなく、病として理解されていることを、私はここではっきりと注意しておきたい」(12)と述べている。このことに関して、大谷長博士は『キェルケゴールにおける自由と非自由』において、この宣言が、本書の各所に多くの不整合を現出させることになったと述べ、詳細に検討している。(5) この問題は、単にキェルケゴールの立場が根本的にどこにあるのかという問題に留まらず、仏教も含めて、宗教的な救済の根本構造まで及ぶ問題である。大谷長博士は、この書において、非自由（不安や憂愁や絶望など）の「非‐自由」性をどこまでも主張している。その際、この「非‐自由」のハイフンが重要であり、そこに質的な飛躍の瞬間が存在するのである。「非‐自由」は、まさしく「非自由」であるが、しかも自由はその内に苦悶しており、その最終局面において、飛躍的に現成するとしている。かくして、『死に至る病』の各所において、表面的な病としての絶望理解と、背後にある薬としての絶望理解の矛盾が指摘される。そして、そのような矛盾が指摘される箇所は「寧ろ絶望の本来的『非‐自由』性の弁証法的な様相を暗示している」のである。ここでこの問題を詳しく展開できないが、『死に至る病』を読む上で、読者は、常に絶望のもつ弁証法的な構造を見続けてもらいたい（浄土教において、本願の第一八願にある「唯除」の文字について、「唯除の大悲」ということが言われるが、本質的にこの問題と関連している）。

四　序　論

ヨハネによる福音書第一一章以下のラザロの物語が主題となっている。『死に至る病』という表題そのものが、この物語にもとづくのである（第四節参照）。ここには二つの種類の死が問題となっている。通常の肉体上の死とキリストによって約束された永遠の生命《いのち》を信ずることが出来ないこと（すなわちこのことが絶望である）の二つである。前者は厳密な意味で真の死とは言えない。むしろキリスト教的には「永遠の生命《いのち》の内での小さな出来事に過ぎない」(14)。絶望こそ、死に至る病であり、厳密な意味での死である。それは「最後の希望、死すらない」(25)死である。

五　第一編冒頭

冒頭の「人間は精神である。では精神とは何であるか？　精神とは自己である。では自己とは何であるか？　自己とは、それ自らに関係するところの、一つの関係である」(19)という文章が、読者にとって、まず関門となる箇所だと思われたので、筆者は第一部において、精神、自己の概念を詳細に見てみた。ここでは、「関係」概念について述べる。

G・マランチュクは、『死に至る病』は、『不安の概念』が閉じるところで始まると述べ、両著作の密接な関連を分析している。(6)『不安の概念』においては、心的なものと肉体的なものの綜合が課題であった。そこに不安現象の諸形式が鋭利に分析され展開される。しかし、この作業のためには、人間の「外の」永遠なるものと個人との対立しか問題に出来なかった。絶望を本格的に問題にするには、「人間における」永遠なるものという契機が不可欠なのである。『不安の概念』では、不安は「めまい」に似たものとして特徴づけられている。その際不安という表現によって、選択の契機がいっそう強調され、めまいによっては認識の契機がいっそう強調されるが、両者は同じ水準にある。(7)しかし、絶望はこの水準においては、なおも問題となってこない。不安及びめまいよりもいっそう進んだ段階である絶望については、次のように語られている。「あらゆる絶望の内には、有限性と無限性、神的なものと人間的なもの、自由と必然性の協働がある」（P. VIII2 B 168, s. 261）。不安とめまいにおいては、相対的な心と肉体という対立しか問題にならないが、絶望においては質的な対立が現出するのであって、人間における永遠の契機が、心と肉体の単なる綜合に対する対立として強調されるのである。不安と絶望の領域の間の関係における全く新たな側面は、『死に至る病』では、次のように示される。

「二つのものの間の関係において、関係そのものは消極的〔否定的〕統一としての第三者である。そしてそれらの二つのものは、その関係に関係するのであり、その関係においてその関係に関係するのである。かくしてたとえば、心（Sjel）という規定の下では、心と肉体の関係は、そのような関係でしかない。これに対し、関係がそれ自らに関係するという場合、この関係は積極的な第三者であり、これが自己なのである」（19‐20）。マランチュクの論述に今しばらくついて行くなら、この定式の内に、二つの綜合が述べられている。第一の綜合では、心と肉体の関係以外に第三のものとして否定的統一が言われている。ここには、心と肉体と否定的統一という三つの契機が含まれているが、否定的という言葉によって、否定的統一もなお有限性の水準にあることが知られる。キェルケゴールの弁証法的な言語使用においては、有限性は常に否定性のもとに帰すからである。『四つの建徳的談話』において、キェルケゴールは、この三つの契機からなる自己を「第一の自己」（det første Selv）と呼んでいる。次の第二の綜合においては、第一項は有限性である。この有限性ということの内に、第一の自己の全体が位置づけられるのである。第二項は、無限性あるいは可能性によって代表される。この項と共に、人間の内なる永遠なものが現出し、この項の側から人間に課題が提起される。次に第三の項であって、それが精神である。精神は積極的な第三の項であって、初めの二つの項の間に統一を与え、綜合を作用させる。「積極的な第三者」という表現によって永遠性の契機が述べられており、これによって精神（自己）は、要求としての永遠なものを代表しているところの、第二の項との緊密な関係に置かれる。因みに、「積極的な第三者」という言葉は、先の建徳的談話では、「一層深い自己」（det dybere Selv）と呼ばれている。

以上マランチュクの論述に沿って見てきたが、心と肉体の関係が、そこにあるだけでは自己はまだ現出しない。その関係がそれ自らに関係して初めて、この関係は積極的第三者であり、そこに精神、自己が現出するのである。しかしながら、さらに『死に至る病』は、この自己について次のように問う。「それ自らに関係するところの、このような関係、すなわち自己は、自分で自己自身を措定したのか、あるいは他者によって措定されたのかのいずれかでなければならない」(20)。関係がそれ自らに関係するというキェルケゴールの難解な表現は、肉体と心の相互作用の領域（右の叙述から言えば、有限性の領域）を意識している（対自化している）主体の成立を示唆している。それが精神であるが、関係は一回成立して固定するものではない。絶えず自らに関係する関係として生成する。精神こそ自己であるが、自己は固定してあるのではなく、生きている限り常に生成する。存在（being）ではなく生成（becoming）である。さて、こうした自己は、それ自体で安定した綜合を成就するのだろうか。意識存在をどのように考えるのも自由である。ただ偶然的に人間は意識存在としてあるだけだというのも可であり、唯物論的に、物質から意識が出てきたと考えるのも可である。フロイトやユングのように、意識の根底に無意識を置くのも可であろう。しかし、キェルケゴールは、自己は自己自身でいかなる調和も安定も獲得しないという前提に立つ。すなわち、自らに関係する関係である自己は、また他者（et Andet）（これは神を意味するが）によって、このような存在として措定されたとする（この証拠として、良心の存在が問題となるのである。本書五〇頁参照）。「それ自らに関係するところのこの関係が、他者によって措定されたのであれば、この関係は確かに第三者ではあるが、しかしこの関係、第三者は、なおも一つの関係であって、その全関係を措定したところのものに関係するのである」（20）。キェルケゴールがここで、直接、この「他者」を「神」と表現していないことも注目してよいであろう。実体的に「神」と表現するのではなく、関係性の内から導入しようとしているのである。その点では、自己概念もまた、デカルト的な実体性とは異なり、関係として規定している。かくして、「このような派生的な、措定された関係が人間の自己であり、それ自らに関係すると共に、それ自らに関係することにおいて他者に関係するところの関係である」（20）。

他者に措定された関係としての自己という観点から、絶望について二形態があることになる。もし、自己が自己自身で措定したものなら、自己自身であろうと欲しない形態だけが問題となるが、他者に措定された存在となれば、「絶望して自己自身であろうと欲する形態」が問題となるのである。この後者の定式こそが、全関係の（自己の）依存性の表現であり、自己が自己自身によって均衡と平安に至ることも、その内にあることも出来ず、ただ自己自身に関係することおいて、同時に全関係を措定したものに関係することによってのみそれが可能であることの表現なのである。全ての絶望は、結局この絶望に帰せられる。

六　絶望の可能性と現実性

次にキェルケゴールは、絶望の可能性と現実性について述べるが、この問題を扱う前に、彼がこれらの概念をどのように考えているか、『不安の概念』で見ておきたい。『不安の概念』の課題は、罪の現実的源泉を探求することであった。無垢の状態においては未だ人間を構成する綜合（関係がそれ自らに関係するということ）は現実的になっておらず、人は可能性の内に生きている。自由の可能性が現実性に先行し、それは、「為し得る」（at kunne）である。しかし、可能性は容易に現実性に移行しない（ヘーゲル的な抽象的思考領域ではそれも容易だろうが）。この中間にあるのが「不安」（Angest）である。そしてこの中間規定たる不安を通じて、現実性は質的飛躍的に出現するのである。しかし通常の可能性－現実性の考え方に対し（アリストテレス以来の伝統的な説明では、現実性は可能性の実現として、充実した可能性として、それゆえ可能性よりすぐれたものとして考えられる)、不安を通じて生じる現実性は、他ならぬ罪への移行であり(それはキェルケゴールが卓抜な洞察力で定義した不安の「反感的共感、共感的反感」という構造による)、自由、精神、綜合は堕罪と共に現実的になるのである。そして、さらに又この現実性はそこで静止してしまうのではなく、不安は再び措定されたもの、未来的なものに関係をもつことになる。それゆえここから精神として生きるという、無限の課題を背負った個体の真の歴史が始まるのである。ここで彼の瞬間論を詳述する余裕はないが、未来的なものは永遠なものの(自由の)可能性として不安として現われ、そして時間性は感性の場合と同様、罪が質的飛躍的に措定される瞬間に罪性となる。かくして、可能性から現実性への移行は、無限の可能性を(深淵を)開示し、それは人間の非存在性、虚無性と一つに考えられる。しかし又この可能性は、精神の、自由の現成をもたらすものとして、正しく学ばれる時には、単なる現実性よりも鋭い裁き手とされる。

ヘーゲルは、内と外の相互作用の統一として、必然性を可能性と現実性との統一とする。しかしかかることが言えるのは、思惟の領域と存在の領域が混同されることによって初めて可能だというのがキェルケゴールの考えであった。キェルケゴールは現実性をむしろ、内と外の隔絶に見ようとした。それは関心(inter-esse)である。関心の情熱によって、無限の可能性(深淵)に関わり続けること、そこに実存的現実性を見るのである。

さて、『死に至る病』の「B　絶望の可能性と現実性」においても、以上の考え方が継承されつつ、絶望の状態が明らかにされている（なお、キェルケゴールは絶望を、「絶望は、それ自らに関係するところの綜合の関係における不均衡である」（23）と定義している）。

絶望者を考えることなく絶望という抽象的観念を固持するなら、動物などと比べて、絶望出来ること（at kunne fortvivle）は、無限の長所といえるだろう。しかし絶望していることは、最大の悲惨（Elendighed）、否、破滅（Fortabelse）である。普通は可能性→現実性は上昇的に長所と考えられている。しかし絶望の場合、これは下降である。そして「可能性の長所が無限であるように、下降も又無限に深いのである」（22）。しかしこれだけではまだ絶望の本質は理解されない。

今一つの「絶望していない」という現実性に目を向けるならば、これは足が不自由でないとか盲目でないということと同じではない。「ただ絶望していないというだけのことで、それ以上でも以下でもないならば、それは正《まさ》しく絶望していることである」（22）。「絶望していないということは、絶望し得るという可能性が滅却されたことを意味しなければならない。人間が絶望していないということが本当に真実でありうるなら、彼はあらゆる瞬間その可能性を滅却していなければならない」（22）。ここでも可能性－現実性の通常の関係が転倒している。通常では現実性は充たされた可能性（現勢的可能性）であるのに反し、「絶望していない」という現実の状態では、「無力な絶滅された可能性」なのであり、又、通常では現実性は可能性の確証（Bekraeftelse）の意味をもつのに、ここでは否認（Benegtelse）なのである。

さらに絶望においては、可能性‐現実性に介在する原因と結果の関係についても転倒している。それは「関係存在としての自己」に密接に関連している。綜合そのものは不均衡ではない。綜合そのものが不均衡であるなら、絶望は人間の本性になってしまう。「絶望するということは、人間自身の内に宿るのである」(23)。しかし、人間が綜合でなければ、又綜合が神の手によって根源的に正しい関係に存しないとしたら、彼は決して絶望することは出来ない。ここに絶望の原因について次のように言われる、「絶望はどこから来るのか？　綜合がそれ自らに関係するその関係からである。人間を関係となし給うた神は、人間をいわばその手から手放される」(23)。それゆえ、関係の不均衡は、神から関係を委ねられたにしても、人間自らの責任の下にある。絶望の可能性を現実化し、又現実化したこの不均衡（絶望）を刻々継続することも、不均衡に原因するのではなく、主体の責任の下に、それ自らに関係するところの関係に原因するのである。「絶望の現実的な各瞬間が、可能性に帰せられるべきである。絶望者は、絶望している各瞬間に、それを招きつつある。……絶望の現実的な各瞬間に、絶望者はすべての過去的なものを、現在するものとして可能性において負うのである。これは絶望することが精神の規定であり、人間の内なる永遠なものに関係しているということに由来している」(24)。例えば、通常の病気の場合は、可能性が現実性に転じるや、この現実性は、転換の際に働いた力（原因）の一結果として持続するのであり、現実性は結果として従属的な位置を占めるのであるが、絶望においては、この原因はまさに関係存在たる自己に帰せしめられねばならず、それゆえ、刻々と現実性が存在するすべての瞬間に、現実性と共にあるのである。

七　始末出来ぬ（死ねぬ）自己

「C　絶望は『死に至る病』である」の最初を注意深く読むならば、異常な程のキリスト教的尺度、すなわち、「死そのものは生への移行」ということが提示されている。そこで、いわゆる地上的、肉体的な致命的病というものも「死に至る病」とは呼ばれ得ず、死に至る病が最も厳密な意味で語られるべきなら、「最後のものが死であり、死が最後のものであるような病」でなければならず、かかるキリスト教的尺度からする死に至る病というのが、まさしく絶望なのである。だからこの尺度からして、この病では文字通りには死ぬことが出来ないのであり、この死ねないことが絶望の苦しみなのである。明白に、キリスト教的尺度からする「信仰か破滅」の破滅の状態がここで問題になっており、それは致命的病であるが、肉体的な病の如く死ねずして、永遠に死ぬのであり、死んでしかも死なず、死を死ぬのである。死を死ぬ（at døe Døden）という表現は、創世記第二章第一七節の「ただし善悪の知識の木からは、決して食べてはならない。食べると必ず死んでしまう」という言葉の「必ず死んでしまう」のデンマーク語訳である。ルターはこれを des Todes sterben（死を死ぬ）と訳し、デンマーク語訳もこれにならっている。

人間の内なる永遠なもの、自己は、肉体的死によって始末出来るものではなく、死のうとして死に切れないものであり、如何に始末しようとしても始末し切れない。「蛆は絶えず、彼らを焼く火は消えることがない」（イザヤ書第六六章第二四節）のである。ここで使われているSelvfortærelseという言葉は直訳すれば自己消耗であるが、具体的には自己始末であり、自力的な計らいであろう。計らえどもも計らえどもどうにも出来ず、いらだち、不安はいや増しになる。「人身受け難し」（仏教的に言うなら）というよろこびとは正反対の、この処理出来ない、自己をどうにかしようとする自力のあがきが絶望である。始末をつけるということを文字通り考えるなら、それは宗教的には不可能なことである。なぜなら、仏教では無始時来の宿業をいうのであり、キリスト教でも宿罪ということをいうのだから（原罪はArvesyndといい、派生された罪、受け継がれた罪を意味する）。浄土往生や天国へ入ることの恩寵によることを考えても、始末の「末」もわれわれの手の内にはない。

自己始末が自己の手に負えないということの内に、自己の内なる永遠なものの存在が証されている。絶望は究極的にこの自己自身についての絶望なのであって、ここへと全ての絶望は還元される。(1)チェーザレ・ボルジアのモットー、「帝王か、然らずんば無」を例にとりあげるなら、ある事柄、例えば帝王になれなかった時、絶望するであろうが、本来的には帝王になれなかった自己自身に堪えられず絶望しているのである。（帝王になるということが有限な尺度である限り、キリスト教の絶対的尺度からすれば、帝王になり得て、喜びの真只中にあっても、同様に絶望なのである）。(2)恋人を失った娘の絶望を考えても、「恋人を失ったということ」についての絶望は、結局のところ、「恋人を失った自己」についての絶望である。⑴⑵共に、幸福になれていたであろう自己（a）ではない自己（b）に絶望しているのである。（a）（b）共に有限性の内の自己であり、どちらであろうとも、共に絶望である。絶望して（b）の自己から抜け出ようとする絶望者は、絶望して（a）の自己であろうとしているのであり、絶望して（a）の自己であろうとしていることは、絶望して（b）の自己から抜け出ようとしていることである。このことは結局同じことを指示しているといえるだろう。キリスト教的尺度は、かかる人間のあがき、計らいの背後に存する絶対的尺度である。

八　絶望の弁証法的性格

キェルケゴールにおける弁証法をめぐっては、例えばH・ディームの『キェルケゴールの実存弁証法』など、すぐれた研究がなされている[10]。ここではごく常識的に、同一律や矛盾律を遵守する形式論理に対して、矛盾や対立の意義を積極的に認め、むしろその中にこそ、真理が現成するとする論理としておきたい。

絶望の普遍性をキェルケゴールは主張するが、常に通常の考察とキリスト教的立場からの考察が対比される。前者は、「現象面にのみ留まって、皮相な考察」(32)であるが、後者は絶望の弁証法的性格をよく洞察し得る。

まず、絶望が自覚されぬ場合でもそれは一つの絶望である、という弁証法的性格である。このことは肉体上の病の場合にも当てはまる。本人の自覚のみを信用する医者など医者の資格はないのであって、当人の言葉を無条件に信じないで、いの一番に本当に病んでいるかどうかを知らねばならないのである。熟練した魂の洞察者もこれと同様、真に絶望が何であるかを承知していて、ある人間の、自分が絶望しているか否かの言表には満足しない。

病気の場合、今は病気であっても、それ以前は健康であったといえるのであるが、絶望はそうではない。「絶望が顕わになるや否や、その人間が絶望していたのだということが露わとなるのである」(34)。だから健康者も絶望者という規定の下に入ることになる。これは絶望が精神の規定であり、有限な時間の前後を包み、信仰か破滅かのみを提示するところの、永遠なものに関係するからである。

絶望は単に病気とは違った風に弁証法的であるのみならず、絶望への関係においては、あらゆる徴候も又弁証法的である。安心や自信が絶望していることを意味し得、又、絶望を克服したことをも意味し得る。病気では不快＝病気が成り立つが、絶望ではこの不快を全く感じなかったことが、まさしく絶望していることでもある。

このことは人間が精神として見られることによる。精神という規定下に見られれば、人間の状態は常に危機的（critisk）である。普通には危機は、思春期の危機、結婚の危機、政府の危機、国際関係の危機などといわれて、安定と交互する非連続であるが、精神としての人間においては、常なる非連続が存在する。危機はギリシャ語（κρίσις）では分断、決断の意であるが、これは、ドイツ語reinigen（清浄にする）に通ずるサンスクリット語にまで辿り得る（O・F・ボルノー『実存哲学と教育学』参照）(11)。サンスクリット語では「篩にかける」という意味で、危機は人をしてどうでもいい事柄から離脱せしめ、純粋ならしめるものである。病気も又そのような肯定的意味をもつことになろう。そうだとしたら、精神において人間が常に危機状態にあるという主張は、人間をして無限に高い純粋性を指示する主張であろう。かくして「このような考察は暗くない、逆に普通人が幾分暗がりに放置しておくようなものに、光を投げかけようとしているのである。それは又重苦しくもない、逆に人を高揚させるものである」(32)とも言われるのである。

以上の展開を通して、絶望は直接性の奥底に充分住い得る。否、むしろ好んでそのような深処に巣喰うのである。だから直接性はそのまやかしの無事、平安にもかかわらず不安であり、直接的に恐ろしい何かによってよりも、「かまをかけるような、ほとんど無造作な、しかも反省の確かに計算された狙いをもって発せられる、ある漠然としたことについてのあいまいな言葉によって」(36)不安がるのである。絶望は深処に巣喰う。だから自己の深みへと、すなわち、本来的自己へと至る者は絶望しなければならない。しかし又このように、それ自らに関係する関係であることにおいて、その反省を断ち得るには「卓越した反省、より正確にいうと、大なる信仰」(36)が必要であり、それなくしては依然絶望の内にあるだろう。絶望は徹頭徹尾弁証法的であるというまさにその理由で、それをもたなかったことが最大の不幸であるような病である。人がそれから癒されようと欲しないなら、何よりも危険な病であることに変りはないにしても、それを得ることは真の幸運なのである。

この節の終りには、稀有なる建徳的一文が記されている。「精神であれ！」ということは、一面常なる危機、非連続を日常性の内に楔の如く打ち込むであろうが、しかし、逆にあらゆる通常の諸条件を超えて、老少男女を選ばず、職業、身分を選ばず、真なる人間の価値を開示する。有限な計らいの世界に、大なる信仰の世界を開示するのである。しかしそれによって又、直接的、自然的世界が知らない絶望をも開示するのであり、妥協することなき信仰か破滅かを、いかなる人にも迫りつつあるのである。

九　自己・意識・意志

「C　この病の（絶望の）諸形態」(40)と題されたすぐ後の二つのパラグラフは、非常に重要である。自己は無限性と有限性とから成り立っているが、しかし、それ自らに関係する関係であって、この関係は自由である。しかし自由は弁証法的なもので、可能性と必然性という規定をもつ。ここから、絶望が意識されているか否かを問題にしない抽象的絶望形態が、「(a)有限性‐無限性という規定下に見られた絶望」と、「(b)可能性‐必然性という規定下に見られた絶望」に大別されて論じられることになる。

さらに絶望に関しては、それが意識されているか否かが決定的なことである。キェルケゴールはここで、「意識が増せば増す程、自己が増し、意識が増せば増す程、意志が増し、意志が増せば増す程、自己が増す」(40)と述べている。ここには、意識、自己、意志の三語が非常に密接な関係において(ほとんど一つのものとして)考えられている。しかるに自己は又、かの基本的定義からして、人間とも又精神とも言い換えられるのであるから、ここで彼の人間観を、今一度、意識と意志の二側面から吟味しておくことにしよう。

人間は精神であり、それ自らに関係する関係であり、自由であるが、キェルケゴールのここの一文からするなら、それは何より意識によって初めていい得ることになる。自己の成立は意識の契機なしには考えられない。このように意識の絶対的意義をキェルケゴールが主張していることは注目に値する。しかるに、今一つの基本的定義である、この自己は他者によって措定されたものである、ということから言えば、この自己意識の根底に神‐関係が置かれているのである。近代のデカルト以来の意識的自我は、キェルケゴールにとって無視出来ぬものであり、むしろ時代の子としてキェルケゴールも又、非常な力点をそこに置いたのであるが、それと同時に、その意識的自己が神‐関係を根底にもつものであることにも、同様の力点を置いた。ある意味で、近代の立場に自ら深く立ち入ることによって、さらにラディカルに、中世が知らなかったような形で、キリスト教的真理を宣揚せんとしたのである。「主体性が真理である」といい、反省を究極まで遂行するキェルケゴールが確かにいる。反省に疲れた老人キェルケゴールは、しかしながら、「主体性は非‐真理である」といい、反省の根底に神‐関係（『死に至る病』では後に特徴のある原始性（Primitivitet）という言葉で、この根源を表現しようとしている。本書八四頁参照）を見出し、幼な子のような世界を開示する。関係存在としての自己（意識）と神観念は、どちらかを互いに打消す形で増すのではなく、弁証法的な関係において考えられている。サルトルの立場などを考えると、いかにも人間の自由を強調し、それによって、神観念は拒絶されることになり、人間存在の不条理性が主張され、反抗的精神が表立って来るのであるが、恐らくキェルケゴールの方にこそ、本来的な反抗の問いが存在すると言えるのではないだろうか（ヘーゲルに至って完成する近代哲学は『死に至る病』第一編のみしか知らないが、キェルケゴールには第二編が存在するのだ、と言えるだろう。そして、第一編は第二編なしには本来的には言えないのである）。人間的自由はそれだけで始末出来る問題ではなく、神観念と共に無限に深く、どこまでも休止する間なく問い続けられるのである。ちなみに、デカルトその人について言えば、キェルケゴールはその哲学的思索の初期に置いて、デカルトから多大の影響を受けている。ここでは、『遺稿』より、一文のみを引用しておこう。「デカルトの哲学は母斑（Modermaerke）をもっている。……デカルトは、省察の一つにおいて、誤謬の可能性を、人間の内なる自由が思惟より優勢であることを指摘することによって説明しながら、なお思惟を絶対的なものと為し、自由を絶対的なものとはしない。これは奇妙なことだ。この点について老フィヒテには明らかだった。すなわち、我考える故に我ありではなく、我行為す、故に我ありなのだ。というのも、このコギトは派生されたものであり、あるいは、『我行為す』と同一だからである。あるいはそれは行為における自由の意識（Frihedens Bevidsthed i Handlingen）であるか——その場合には、我考える故に我ありと言う必要はない——あるいは、後から生じてくる意識である」（P. IV C 11）。少し説明を加えるなら、デカルトは、『省察第四』において、神が完全であり、その神から付与された私の判断能力（思惟）は誤謬を為すはずがないと考える。それにも拘らず、私が誤謬を犯すことがあるのは、私自身の自由からである。これが、自由が思惟より優勢という意味である。それにも拘らず、なお、思惟を絶対的なものと為しているのは、奇妙なことだと、キェルケゴールはここで述べているのである。この文への敷衍として書かれたP. IV C 12において、キェルケゴールは、デカルトの「我考える故に我あり」が論理的な推論ではなく、コギトが行為における自由の意識であり、そこには主体が前提されており、「故に」は言う必要がないと述べて、そこに「パトス的移行」（pathetisk Overgang）が存すると述べている。そして、そのパトスの内にある無限性には勇気が必要であり、そこに宗教的な理念を見出している(12)。

この問題はカントの考え方においても、微妙な問題を投げかけ得る。すなわち、彼の自律の概念についていうなら、彼の自律はいわば理性的意志といったものと結びついている。普遍的法則に自らの格率（Maxime）を一致させる意志の内に自由が考えられるが、その場合、自ら立法する（selbstgezetzgebend）のであって、決してあるものの強制によるのではない。カントではそれ故、人間の理性的側面が神の役目を荷っているといえるだろう。カント的自由は、神の位置を占めるような高貴な理性を前提にし、これを余りにも判然と傾向性（Neigung）から区別しているが故に、自律‐他律の二項に弁証法的な関係を見出すのが困難である。このことは、ついには、キェルケゴール的真剣さ（Alvor）を、カントが問題に出来なかったことにつながるのである。B・メールポールと共に、われわれは、キェルケゴールの日記記述をここに引用しておきたい。[13]「私自身よりも高い拘束者が誰もおらず、私が私自身を拘束すべきであるなら、その時私はAすなわち拘束者として、私がB（すなわち被拘束者）としてはもつことのない厳格さを、どこから得るというのだろう。その時にもAとBは同一の自己であるというのに」（P. X2 A 396）。

さて次に意志について考えよう。デカルトでは、感情や感覚や情熱というパトス的（受動的）側面は、意志の能動的側面と対立するものとして、切り捨てられるべきものであった（当時パスカルはすでに、この近代の座標軸のもつ傲慢さに気づき、現代の精神状況をまで射程距離に入れるような形でパトス的側面を重視してデカルトに反対した）。そこでは意志は理性と一つのものであり、このような意志はカントの善意志（guter Wille）にも通じる。しかるにキェルケゴールにおいては、原罪の問いが常にあった。ローマの信徒への手紙第七章第一五節には、「わたしは、自分のしていることが分かりません。自分が望むことは実行せず、かえって憎んでいることをするからです」と言われ、又同第一九節には、「わたしは自分の望む善は行わず、望まない悪を行っている」と言われている。パウロにとっても、この身には、始末の出来ない邪悪なる意志が巣喰っていて、暴流の如き力をもっているのである。意識がただ単なる自己意識としてのみ考えられるなら、このような原罪の意識は見失われるであろう。キェルケゴールにとっては、自己意識と神観念は共に意識の本質的契機であり、良心たる自己は、この二契機を以って初めて成立するものである。かくしてのみ、意志の本質も明瞭に見て取れる。それは単純なものではなく、神観念と呼応しつつ、何を為すべきか、いかに決断すべきかが透明となるのである。このような意志が増せば増す程、それは自己が増すということであり、いよいよ自己が内面化せられることなのである（ここで、論じた自己意識と神観念の問題は、浄土真宗における二種深信の弁証法的構造と密接に関連している。親鸞においても、透明な意志（決断）は、二種深信の中に求められるだろう）。

一〇　綜合の諸契機のみ反省された絶望形態

この節の最初に、「自己自身に成るとは、具体的に成ることである」（41）といわれる。具体的に成るとは、そのすぐあとの、「具体的に成るべきものは、まさに一つの綜合なのだから」（41）という言葉からも察せられるように、二項の関係がただそこにあるということではなく、関係がそれ自らに関係する関係（自己）になることをいうのである。最初キェルケゴールは、綜合としての人間本性について「綜合」（Synthese）の代りに、「合成」（Sammensætning）という語を書いていた。Synthese と Sammensætning は Syn=sammen, these=sætning でまったく同じ語であるが、「綜合」の語はドイツ観念論が好んで用いた用語であるために、これを避けようとしながら、一方、「合成」では、「寄せ集め混成する」という感じを与えて「統一」の意味が弱いので、結局、「合成」よりも「綜合」の方が適切であると考えられ、「綜合」に改められたのである。(14) concret も語源的にいって、concrescere=（con=together＋crescere=to grow）であるのだから、以上の人間本性に照準が合わされて使用されたのであろう。コンクリートを考えてみても、セメント・水、砂及び砂利を適当に練り混ぜて硬化させたものであるが、セメント・水を無限性・可能性の側面、砂及び砂利を有限性・必然性の側面と考えるならば、適当な混合こそ綜合なのであり、精神、自己はそのような適当さ（均衡）を成就すべきなのである。しかし、成就せんとして、その適正な比率を作業者自身の努力によって見出すことは不可能であるというのが、キェルケゴールの考えである。

さて「具体的に成るべき」という句には、ある状態からある状態への展開が含意され、「展開は、自己の無限化において自己自身から無限に遠ざかり、又、有限化において、無限に自己自身に還帰することに存しなければならない」(41)。すなわち、両側面が、無限に追求されねばならない。この辺りの考え方は、仏教の中道の考え方と比較出来るだろう。中道とは、二辺のいずれかにかたよる謬見、邪執から離脱している不偏中正の道をいうのであるが、それは決して「ほどよさ」を意味するのではなく、両極を見なければ見えない道なのである。(15) それは両極の中間にあるのではなく、両極の無限の緊張を統一して成る立場である。キェルケゴールも又、ほどよい所にいなさいとは言っていないことが、特に注意されねばならない。

「無限性の絶望は有限性を欠くことである」(42)。無限性の絶望は空想的なもの、限界なきものであり、何よりも想像力と関係している。「想像力は一般に無限化の媒体であり、それは他の能力と並ぶ一つの能力ではなくて――もしそういってよければ、それはすべてに匹敵する能力である。ある人間がどれだけの感情、認識、意志を持っているかは、ひとえに、彼がどれだけの想像力をもっているかに、すなわちこれらがどんな風に反省されているかということに、つまり結局は、想像力にかかっているのである」(42-43)。「自己とは反省である、想像力は反省であり、自己の再現(Gjengivelse)であり、それゆえ自己の可能性なのである。想像力は全ての反省の可能性であり、そしてこの媒体の強度が、自己の強度の可能性なのである」(43)。このようにキェルケゴールは、想像力の積極的側面に言を費やしているが、反面又、有限性との弁証法的緊張を欠いた場合に現われる否定的側面も言われねばならない。「空想的なものは、概して人間を無限なものへと連れ出すのであるが、それは単に人間を自己から遠ざけるのみで、それによって人間が自己自身に還帰するのを妨げるのである」(43)。その具体例が①感情が想像的になった場合、②認識が想像的になった場合、③意志が想像的になった場合に分けて論じられる。①においては、ある種の抽象的な感傷性が現われる。②については「自己は認識を増せば増す程、自己自身を認識する」(43)のが真実なのだから、それが起らぬ場合、非人間的認識が現出する。ここには単なる認識量のみが問題にされる現代への痛烈な批判が期せずして表明せられている。ちょうどピラミッド建設に人間が浪費されるのと同様、認識の獲得のために人間の自己が浪費されるのである。③意志が空想的になる場合も、具体性を忘れて、自己は揮発してしまう。かくして、いずれかが空想的になった場合、全自己が空想的になり得る。自己は抽象的無限性、抽象的孤立において空想的実存となり、常に自己を欠き、自己からますます遠ざかる。キェルケゴールはこのことを宗教的実存について例示しているが、そこに最も危険な場を見つけたからであろう。

「有限性の絶望は無限性を欠くことである」(45)。無限性を欠くことは、絶望的な偏狭さである。そしてその原因は原始性の欠如にある。ここに原始性という言葉が使われていることに、われわれは注目しなければならないだろう。人間本性の秘密に近づくべく、人間の起源の神秘に沈潜したのは古代キリスト教の哲学的思惟であったが、キェルケゴールも又、近代哲学の完成者ヘーゲルの後にあって、この原始性概念を受取り直すべく努力を傾けたのであった（メールポールはアウグスティヌスの記憶・知性・意志を、キェルケゴールの良心・意識・意志と対比させつつ興味深く論じている）[16]。「全ての人間は、まさしく原始的に（primitivt）自己としてここに置かれ、自己自身に成ることが彼の使命である。確かに、全ての自己はそのものとしては角あるものだ。しかしそのことから結果するのは、自己は磨かれるべきであるということであって、摩滅せられるべきであるということでは決してない」(46)。人間の原始性に注目することは又、本質的偶然性をやたらと摩滅せぬように注意することでもある。しかるに有限性の絶望は、日常性、有限性の内に、自己の根源性を「他の人々」によって騙り取らせて平気なのである。この絶望も又気づくのに困難である。人々はただ小石のように磨きあげられ、流通貨幣のように流通するのである。かつては心を込めてその内実が意識されて使われていた言葉、例えば「一期一会」というような言葉さえ、現代では、一種の気取った用語としてしか使われなくなってしまっている。この言葉などは、元来、偶然性を必然性（Nødvendighed）に変える人間の内面的真剣さに裏打ちされたものであった。

可能性の絶望は必然性を欠くことである。「自己が有限性と無限性との綜合として措定され、今や生成すべく可能的に存在する時、自己は想像力という媒体によって自らを反省し、それによって、無限の可能性が立ち現われるのである」(49)。ところが、可能性がそれを抑止する必然性を越えて進みゆく場合、可能性において自己自身から逃れ出て、帰るべき何らの必然性ももたなくなる。これが可能性の絶望である。元来、必然的なものとは落着の点である。「自己自身に成ることは、まさしくこの場所における一つの運動なのである。生成することは、場所からの（fra Stedet）運動であるが、自己自身に成ることとは、場所における（paa Stedet）運動なのである」(50)。われわれは自己自身に成ることにおいて、必然的にこうある自己から抜け出るのではない。宿業に目覚めるということも、宿業の内にある自己をそれと信知すること以外の何ものでもない。さて、可能性の絶望者には現実性が欠けているように見え、実際、ある人間が非現実的になったというように表現されもする。しかし、具に検分するなら、彼が欠いているのは必然性なのである。ヘーゲルは「必然性は可能性と現実性の統一である」と述べたが、キェルケゴールはここでむしろ、「現実性は可能性と必然性の統一である」と述べる

（就中、キェルケゴールはこのことを『哲学的断片』第四章「間奏曲一」において論じた）。可能性の絶望者は、自己における必然的なもの、その人の限界と呼ばれねばならぬものに気づかず、それに身を屈する力を欠いている。可能性の鏡はきわめて慎重に用いなければならない。なぜなら、そこに映る自己は自己の半分でしかないからである。たしかに可能性においては全てが可能である。人はだからあらゆる仕方で可能性の中をさまよい歩けるのである。キェルケゴールは可能性の絶望を本質的には、①願望的（ønskende）・希求的（higende）形式と、②重愁的（tungsindig）・空想的（phantastiske）形式の二様式に分け得るとしている。

必然性の絶望は可能性を欠くことである。日常的、処世訓的発想によって（キェルケゴールのすぐ後の言葉では風俗性）、真実なものが曇らされてはならない。例えば「神にとっては全てが可能である」ということも、日常的に言われるのと、全く人間的にいって一かけらの可能性もない地平において言われるのでは全く違うのである。例えば、「時間を空しく過すな」は、日常的にも言えるのであるが、「本願力にあひぬれば、むなしくすぐるひとぞなき」（親鸞『高僧和讃』）といった地平から言われるのでは、その切実さにおいて全く違っている。内面の真剣さに裏打ちされねば、いかにすぐれた言葉も生きてはこない。今一切の可能性なきところで、「神にとっては全てが可能である」と言われる時、「信ずるか否か」が問題となる。それは日常的計らいの領域を突破している。「闘っている者が破滅するか否かは、ひとえに彼が、可能性を手に入れようとするかどうか、すなわち、彼が信じようとするかどうかに懸かっているのである。しかも彼は、人間的にいって彼の没落は何よりも確かなことだと理解している。これが信じるということにおける弁証法的なものである」(54)。この一文は、親鸞における機の深信、法の深信の弁証法的相即(二種深信)と相通ずる。底なしの不安に対して、底なしの無限の救済力が現在し、働いていることを信ずることは、宗教的立場の表明するところである。

可能性を欠くということと関連して、キェルケゴールは、決定論者、運命論者の絶望について触れている。「人格というものは、可能性と必然性の綜合である。それゆえ人格の存立は、吸気と呼気とから成る呼吸(呼吸作用)になぞらえられる。決定論者の自己は呼吸出来ない。なぜなら、ただ必然的なもののみを呼吸することは不可能だからであり、それでは人間の自己は、ただ窒息してしまうばかりだからである。――運命論者は絶望し、神を見失い、かくして又自己をも失っている。というのも、神をもたない者は又、何らの自己ももたないのだから。かく、運命論者は何ら神をもたない、あるいは同じことだが、彼の神は必然性なのである。すなわち、神にとっては全てが可能であるということは、全てが可能であるという、そのことが神である、ということなのだ。それゆえ、運命論者の礼拝は、せいぜい一つの感歎詞にすぎず、本質的に沈黙であり、沈黙の服従である。彼は祈ることが出来ない。祈ることは呼吸することである。そして可能性は自己にとって、ちょうど呼吸にとっての酸素に当たるのである」(55-56)。ちなみに、「神にとっては一切が可能である」はキェルケゴールのいわゆる第二の回心の内容といえる。桝田啓三郎は、以下のように述べている。「一八三八年の第一の回心が『神は愛である』という神の恩寵の経験であったとすれば、一八三八年のこの第二の回心は、『神にとっては一切が可能である』ことを信ずる体験であったと言っていいであろう[17]」。呼吸の根源性と比べても、われわれはここに、宗教的実存における祈りの根源性を知るのである。しかしながら、運命論と決定論は、可能性に絶望するだけの想像力を、不可能性を発見するだけの可能性をもっている。この点において、日常性の内に安穏として、物事がうまくいってもいかなくても絶望している風俗性から区別される。

二　意識量を考えた絶望の形態

意識の契機を考慮しての絶望形態の分析を始めるに当り、キェルケゴールは、「真理の頑固さ」ということを述べる。そして、そこにスピノザの『エチカ』から、「真理はそれ自身と虚偽との指標である」の一文を引用している。この領域での最下位の段階である「絶望であることを知らない絶望」を、なおも絶望であるとすることは、現代のように超越的なものが見失われた時代には、ますます理解が困難になっている。しかし、黒闇はそれだけでは黒闇とも言えないものである。そこに一条の光が差し込んで初めて闇も闇と知られる（曇鸞の「千載の闇室」の比喩[18]が直ちに想起される。自分が千年の闇にいたということは、一条の光との（仏法との）出会いがなければ、決して言えることではない）。そのような形での「真理の頑固さ」は見失われてしまったのである。有限な反省が一切を呑み込んでしまい、「真なるものに関係すること」を、人々は今や最高の善であるとは見做さなくなってしまった。真理や精神は全く問題にされず、人々はただ感性的なもの、感性的‐心的なものに支配されている。彼らはただ、快、不快という感性的なものの範疇の内に生きているのである。「全ての人間は、精神たるべく建てられた、心的‐肉体的綜合である。これが人間という建物なのだ。しかるに彼は、地下室の方に、即ち感性的なものの諸規定下に住む方を選ぶ」(60)。絶望していることに無知である絶望は、かくしてなお絶望であり、もっと言えば、「絶望が逸脱(Forvildelse)であるとすれば、人がそれに無知であるということは、同時に誤謬(Vildfarelse)の内にいるのだということを、付加するだけのことである」(61)。

『不安の概念』における不安と無知の関係に類似して、絶望も又、錯覚の魔法が解けた時、以前からずっと根本に存していたものとして立ち現われる。「真理に至るためには、人は全ての否定性を通過しなければならぬ」(61)と言われ得るなら、絶望的無知は、意識的絶望より、より真理や救いから遠いと言わなければならない(ただし、このことは純粋に弁証法的な意味で言えるのであって、倫理的‐弁証法的な意味においては、意識的絶望者の方が救いから遠のいている)。この種の絶望は、世間で(即ち、異教及びキリスト教内の異教)、最も普通のものであるが、繰り返すなら、この絶望は自覚されてはいない。仏教においても、出世間が初めて世間を見出すのと同様、世間内のいかなる立場(一括して審美的立場といってよいが)も、この世間そのものの絶望的有り様を際立たせることは出来ない。いかなる世間的偉業も、世間内では際立っても、キリスト教的尺度(倫理的‐宗教的立場)からすれば、絶望以外の何物でもないのである。「異教徒の徳はきらめく悪徳である」(64)(この言葉は、アウグスティヌス『神の国』第一九巻、第二五章に溯り得る)。世間的‐内在的に言えば、自殺は不用意に称讃されたことすらあったが、それ自らに関係する関係でありつつ、神に対して人格的に関係する精神の立場からすれば、それは神に対する謀叛とも言えるだろう。さらに、異教は精神への方向に規定され、キリスト教内の異教は精神から離反する方向に向いているとして、キリスト教内の異教に一層厳しい眼を向けるのは、『不安の概念』でもとられている、キェルケゴールの一貫した態度である。

次にキェルケゴールは、絶望が意識されている絶望の分析にとりかかる。しかし、意識されているといっても、「絶望とは何かについての真正の観念」がもたれているか否かが区別されねばならない。他面又、「自己自身に関する明晰さ」が要請される。なぜ要請されねばならないかは、第二編第一章で詳述せられるが、しかしここで、「絶望とは何かについての意識の段階が非常に様々であり得るように、自分が絶望しているという自己自身の状態に関する意識の段階も又、非常に様々であり得る」(66)ということは注意されてよい。人間実存の様々な可能性が、主観‐客観の複雑な絡み合いの中で追究されるべきだということが主張されているのである。「全ての曖昧さや無知においては、認識と意志の弁証法的合奏が行なわれているのであり、だからもし人が、認識にだけ重点を置いたり、又意志にだけ重点を置いたりすると、人間を誤って理解する」(67)。ある場合には、人は「気晴らし」等によって、自己の状態についての薄暗さを保とうとする、とキェルケゴールは、パスカルに似た人間洞察をなしている。しかしながら、人間実存の様々な可能性をただ言うのみでは、埒が明かない（それはヤスパースの包括者論についても言えるのであって、何らかの類型を設定せざるを得ないのである）。そこでまずキェルケゴールは、「意識の度は絶望を強める」（67）ということを再確認する。それは主観‐客観の両側面に沿って言えることである。「人間が絶望についての、より真性の観念をもてばもつ程（しかもなお絶望の内に留まっていれば）、又、彼がより明白に絶望していると意識すればする程（しかもなお絶望の内に留まっていれば）、彼の絶望はより強まっているのである」（67）。この後、キェルケゴールは、作業仮説的に意識的絶望の二形態を吟味するが、そこでは、主観‐客観の両面に沿って（絶望が何であるかの意識、そして自分の状態が絶望であるということについての意識）意識の上昇が示されることになるのである。

二　絶望して自己自身であろうと欲しないこと、弱さの絶望

まず、「（α）絶望して自己自身であろうと欲しないこと、弱さの絶望」が展開される。これは「（β）絶望して自己自身であろうと欲する絶望、反抗」と比較されるが、この（α）（β）は相対的対立にすぎない。なぜなら、人が現にそうであるところの自己であろうとしないのは、自己自身であろうという計らい、傲慢であり、逆に、現にそうである自己自身であろうとすることは、神なき自己に留まるという不可能事を為そうとすることであり、弱みを見せぬ弱みをもっているからである。

最初に、（α）(1)として、地上的なものに関する、あるいは地上的な何かに関する絶望が分析される。

「これは純粋な直接性、あるいは、単に量的な反省を含むにすぎない直接性である。――ここには自己についての、絶望とは何であるかについての、あるいは、自分の状態が絶望であるということについての、何らの無限な意識も存在しない」(70)（ここで言われる「純粋な」と「量的な」は、以下の絶望分析でも相異なる段階を示している）。だから絶望は単なる受身の苦しみであり、外的事物の圧迫の下に身を屈することであり、自己とか絶望とかいう言葉すら、言葉の誤用といってよいものである。「欲求する場合もこの自己は、ちょうど子供がわたしにというように、いつも与格なのである。そういう自己の弁証法は、快‐不快であり、そういう自己のもつ諸概念は幸、不幸、運命である」(71)。

このような直接的自己に、それを絶望にもたらすようなある事が、たまたま生じる。彼の反省はなきに等しく、全ての過多は（例えば余りの幸運なども）、彼を圧倒し絶望に陥れる。かくして彼は「絶望だ！」と叫ぶ。しかし彼の言はある意味では真であるが、彼が理解しているようには真ではない。彼は絶望が何であるかを知らない。だから彼は、絶望して卒倒することだけしか闘う手段を知らないのである。もし外部から助けがやって来ると、生気が甦り、相変らずの直接的生に戻る。ところで、絶望した時、彼は自己自身から逃れて別人になろうと望む（このような狂気に満ちた転換があろうか！）。しかしそれを可能と考えるということは、彼の自己が全く外面的な、上着を着替えるだけで違ったものに転換出来るようなものであると、彼自身が考えているということである。かかることを彼が本気で考えているということは、何という滑稽なことであろうか。キェルケゴールは、裸足で街へやってきて、靴と靴下を買い、酔っ払ったあげくに、靴下と靴を履いた自分の足を、自分の足と認知できなかった百姓の話を面白おかしく述べている(74)。

ところで量的ないくらかの反省をもつ場合は少々事情が異なる。そこでは、絶望が一衝撃によって現われるとは限らず、自己反省によってもたらされ得る。単なる受苦ではなく、ある自己活動が加わる。だからある程度の自己の所有が可能となる。「このある程度の自己反省と共に、分離活動が始まり、それによって自己は、環境や外的事物や、又自己に及ぼすこれらの影響などとは本質的に違ったものとして、自己自身に気づくに至るのである」(75)。しかしこれもある程度までであり、自己の構造における、自己の必然性における、あれこれの困難にぶつかれば、尻込みしてしまうのである。さもなければ、彼が自己反省によって為したよりももっと深く彼の直接性を断ち切るような何かが彼に起る。あるいは彼の想像力は、一旦それが起るならば、直接性との決裂が生じるであろう一つの可能性を見出す。キェルケゴールはここで、無限な自己の最初の段階が、かの上着をまとった直接的自己とは反対に、裸の、抽象的自己であると述べ、この段階の絶望者はなおこの自己については何らの意識ももたないとしている。この裸の自己に関しては、P. II A 357に、「精神的な意味で、自分では何も出来ないと感じる瞬間が訪れる、その時我々はあたかも裸のままに我々の自己観察から出て行くのであり、それはちょうど以前に子宮から出てきたのと同様である」と記している。又、これを補足して、「その時我々はアダムのように深い悲しみをもって、『あなたの足音が園の中に聞こえたので、恐ろしくなり、隠れております。わたしは裸ですから』（創世記第三章第一〇節）と言わねばならないのだ」（P. II A 358）と記し、さらに「しかし、このことは、神が我々から何かを創造するためには必然的なのだ、というのも、神は常に無から創造し、質量も我々の自惚れも必要とされないからであり、良し悪しに関係なく、何らの質量も必要とされないからである」（P. II A 359）と記している。

この段階の絶望者は、自分の住居が忌々しいものになった時、引越しはしないで（引越しするのは直接性の絶望である）、状況が好転するのを目論んでいるような人と比べることが出来る。この絶望者は、ある程度の自己反省をもつが、自己‐反省、あるいは倫理的反省をもたない。それゆえ、徹底的な直接性との決裂を遂行出来ないのである。事態が好転すれば、彼は再び元の住居に戻り、「再び自己自身である」のである。しかし、何ら変化が起らない場合は、この種の絶望者は他の方策をとる。真の自己になるには彼は内面へ内面へと進まねばならぬ筈であるのに、外面へ向うのである。「より深い意味での自己についての問い全体が、彼の心の背景に描かれたある種のめくら戸（blind Dør）となり、その背後には何もないとされるのである」（77）。彼はわずかばかりの反省を慎重に使いつつ、外面的名士となり、教養あるキリスト者として、魂の不死について牧師に向って質したりもする。外面的なこの繕い、計らいがいかに絶望に打ち勝ったとしても、しかしなおこれは絶望なのである。「世間でかくも称讃される処世訓の根底に」（78）、真の危険が何処に存し、又本来的危険は何であるかについての、まったき愚鈍が存するのである（これを仏教的には、「無明」と呼んでよいであろう）。

以上の絶望、とりわけ自己内に量的反省をもつようになった第二の絶望形式は、最も一般的な絶望であるとキェルケゴールは言う。わずかでも精神という規定下に生きようとする人がいたとしても、大部分はここで留まる。彼らは恐れることも学ばず、当為（べし）をも学ばなかったのである。「だから彼らは、彼ら自身に一旦矛盾と見えることには耐えることが出来ないのである。そのような矛盾は、環境に反映させてみるといよいよそのように見えて来るので、自らの魂を気遣うとか精神であろうとかするのは、世間では時間の無駄使いに、実際出来ることなら市民法によって罰せられてしかるべき不当な時間の無駄遣いに、ともかくも、人間に対する一種の裏切りとして、気の狂いから何もせずに時間を空費する傲慢な狂気として、軽蔑や嘲笑によって罰せられてしかるべきものと見られるのである」(79)。こうした立場からすれば、絶望はただ青年期特有のものと見られるが、本来これは絶望的誤りである。絶望は「幻想から抜け出すように」抜け出すことの出来るものではない（幻想は、青年の幻想を希望の幻想とすれば、老人には又追憶の幻想として存在するのである）。精神的なものについては、年と共に何かに到達すると考えることは出来ない。むしろ逆に人は年と共にもち合わせていたわずかばかりの情熱、感情、想像力とわずかばかりの内面性を失うのである。かくして、絶望を克服した自信に充ちたひとかどの人間が出来上る。ここに絶望も出来ぬ絶望が出来上る。前述の如く絶望は青年期特有のものではない。もし人間が現実に年と共に成長するなら、そして、自己についての本質的な意識に至るべく成熟するなら、おそらくより高い形態で絶望し得るだろう（老人の絶望）。又年と共に成長せず、いつまでも青年の如くあるなら、年齢等にかかわりなく、そこに青年の絶望に陥る可能性がある。そしてこの老人の絶望と青年の絶望は、本質的に相違するのではなく、偶然的相違である。「青年は未来における現在として、未来的なものに関して絶望する。そこには彼が引き受けようとしないところの、それと共には彼が自己自身であろうと欲しないところの、ある未来的なものが存する。老人は、過去における現在として過去的なものに絶望するが、過去はなかなか過去になってはくれない、――なぜなら、彼は過去を全く忘れてしまうのに成功する程には絶望していないからである」[19]（82）。この両極の絶望共、永遠なものについての意識を発現するだけの変形（Metamorphose）を起しはしないという点では同じものである。

さて、この節の終わりにキェルケゴールは次のように述べている。「これまで同一なものとして用いられた二つの表現、すなわち、地上的なもの（全体性の規定）に関して絶望することと、地上的な何か（個別なもの）に関して絶望することとの間には、本質的な相違が存するのではなかろうか？　実際存するのである。自己が想像力の無限な情熱によって、地上的な何かに関して絶望する時、この無限な情熱は、この個別なもの、この何かを地上的なもの全体に化すのである、すなわち全体性の規定は絶望者の内に存し、内属しているのだ」（83）。この文章は重要である。例えば、人間は一つの失恋や子供の死を通して、この世の徹底した無常性を自覚出来る。個別的なものに関する絶望が、地上的なものの全体への絶望へと深化する時、そこには、ヤスパース的に言えば、主観‐客観分裂を超えた場が出現している。

一三　永遠なものについての（om）、あるいは自己自身に関する（over）絶望

この部分は、目次では（α）⑵の部分である。この表題において、キェルケゴールは over と om について厳密に使い分けている。ヒルシュ独訳、ラウリー英訳では over = über = over, om = am = about となっている。over は表面的、外面的であり、まだ内面へと自己が向いていない状態の場合に使われる。（α）⑴では、地上的な何かから、地上的なもの全体に関する絶望にまで、絶望が深まったのであるが、それによって絶望に陥った当の事柄は、常に自己にとって対象的にあるものとして位置づけられていた。絶望者は、何に関して絶望しているのかについては、実に明瞭に、ありありと自覚しているが、まだ彼は、自己が何について（om）絶望しているのかについての自覚へは転回（回心）（Omvendelse）をなすことが出来ないままである。しかしついにこの over から om への Omvendelse がなされるにいたる。対象的な over 領域から、正しい意味で絶望者を絶望から解放してくれる om 領域への移行を、キェルケゴールは、このような言葉遊びで表現しているのである。ちなみに、「正しい意味で彼を絶望から解放してくれるものの場合は、それについて絶望するのである」（84）という表現には、先述した（六一頁以下参照）絶望を「病」として理解し、「薬」としては理解していないというキェルケゴール自身の立場との齟齬が見られる。

かくして、かくも対象的なものに自己を見失っていた自己の弱さへの絶望が現われるのである。対象的な、地上的な何かに対応して存在している自己は、まだ散乱した部分的自己である。さらに地上的なもの全体と対応している自己といえども、まだ所詮は地上的な存在としてしか位置づけられない。ヤスパースで言えば、主観－客観分裂（Sujekt－Objekt Spaltung）における Subjekt でしかあり得ないということの内に、自己は限りない弱さ（Svaghed）を感じる。主観－客観を超えた自己（これはヤスパースで言えば実存 Existenz であるが）が、ここに初めて自覚され、それと共に永遠なものが自覚されるのである。自己についていえば、だから、弱き自己に関して（over）、永遠な自己について（om）絶望するという二義性が言われ得るだろう。絶望の形態としては、ここには「弱さの絶望」から「自己の弱さに関する絶望」への移行がある。さらに後者は、真正の Omvendelse を実現しない場合、「（α）絶望して自己自身であろうと欲しないこと、弱さの絶望」から、次の、絶望した自己に居直る「（β）絶望して自己自身であろうと欲する絶望、反抗」へ至るのに、道は遠くない。

以上のことをふまえて、ここの展開を追ってみよう。このような絶望には、上昇がある。①まず自己に関して。全体的自己、対象化出来ない自己がここには出現している。しかし、それが絶望である以上、このような自己が失われているということが自覚の当の有様なのである。それと共に、現出したこのような自己はもはや地上的な何かと対応していないで、永遠なものを意識し、しかもそれが、自己には失われているという自覚が存する。②さらに、絶望とは何かについての、より深められた意識もここにはあり、またここでの絶望は、受苦でなく、行為である。主観－客観に絡んでいない絶望であるから、この絶望者の絶望を、もはや人は外面から知ることは出来ない。③しかしながら、この絶望は前よりも一層深まっているが、一層救いに近づいているともいえるであろう。「この絶望がより強度のものであるというまさにその理由から、この絶望はある意味で救済へより近づいているからである」(86)(ここでもキェルケゴールは、絶望を大なる薬と考えている)。ここまでくれば絶望は最早忘れ去ることが出来ない。しかし、「父が息子を勘当する」「恋人が憎い人を(すなわち恋しい人を)呪う」のに似て、この弱い絶望した自己を忘れ去ることは出来ないのに、そこまでへりくだり和解することも出来ないのである。この絶望は、先述の「めくら戸」(blind Dør)と対比して言うならば、「ここにあるのは、現実的な、しかも十分な配慮を以って閉じられた戸であり、自己はいわばその背後に座り、自己自身に気を配り、四六時中、自己自身であろうと欲しないことに没頭しているのである」(87)。これは「内閉性」(Indesluttethed)であり、先の「直接性」と対比出来る。この閉じ込もった絶望者は、直接性を軽蔑し、あらゆる人を、自己に関係のあることから、人知れず遠ざけているのである。――しかも、外面的には全く、「一個の現実的な人間」である。直接性がまるで子守歌のように、「喧騒」を必要とするのに対して、この絶望者は呼吸や睡眠のように、「孤独」を必要とする(古代においても中世においても、孤独への要求が精神の深みの表現であり、それに対して尊敬すら払われていたのに対して、社交に明け暮れる現代では、それをまるで犯罪であるかのように見るのである)。

この、世間には稀にしか見られない絶望の、さらなる進展を見なければならない。この絶望が、この段階にとどまらず前進し、しかも「信仰」へ達するような前進をなさないならば、①一段と強度を増した閉じ込もり（内閉性）か、②あるいは外部へと突破して、彼がいわば微行（Incognito）で生きていた平隠な生活を廃棄し、生活の中へと、恐らくは気晴らしともなる大事業へと自己を投げ入れ、心休まらぬ精神となる。あるいは内部の絶望的喧騒を打消す程の激しい手段が取られるかも知れない（リチャード三世は、「ラッパを吹け、ラッパを！　太鼓を打て太鼓を鳴らせ！」と楽隊に命じるのだ）。①は、「反抗」となる。そして反抗の最初の表現がまさしく自己の弱さについての絶望であったことが、ここで弁証法的にも正しく告知される。

キェルケゴールは、閉じ込もり（内閉性）の最も身近な危険として、「自殺」について言及している。ここにも閉じ込もった人間の心理の微妙な動きが、実に適確に描かれている。弱い自己に関して（over）絶望している自己はなおも永遠な自己を垣間見てはいても、実現してはいない。自己自身に関係してはいても、自己関係することによって、神に透明に関係してはいない。弱い自己を抱えて、それをどうにか自力で解決しようとしているこの強い自己は、限りなく又弱いのであって、その弱さを、秘密の内にしっかりと保っているのである。この弱いという秘密を、強い彼は、決して外部に漏らすことは出来ない。「自殺」は、この弱い自己に決着をつける自力的強さであり、それは又、そこまでも弱い自己に絡みついている弱さである。しかし、自殺にまで進まない場合、秘密を誰かに打ち明ける場合があろう。その時は、軽々しく自己の秘密を人に打ち明けたというさらなる自己の弱さに絶望して自殺するか、あるいは（いささかフィクションになるが）逆に、他者を殺すまでに、この絶望は前進する。

一四　絶望して自己自身であろうと欲する絶望、反抗

自分の弱さに関する絶望が、弁証法的に一歩進むとそこに「自己自身であろうと欲する絶望、反抗」が現前する。たとえば、失恋して絶望し、恋を成就していたであろう自己になろうとすることは、失恋した現実の自分を引き受けない頑固さであり、絶望して自己自身であろうとしていることである。「弁証法的に」と言われるのは、弱さ=弱さという同一律では解釈できないのが絶望であり、弱さ=強さだからである。これまでのまとめをキェルケゴール自身行っているので、その文を引用しよう。「最初に、地上的なもの、あるいは地上的な何かに関する絶望があり、次いで、永遠なものについての、自己自身に関する絶望が来る。それから反抗が現われるが、これは本来永遠なものの助けによる絶望であり、絶望して自己自身であろうと欲して、自己に存する永遠なものを絶望的に誤用することなのである」(93)。「反抗」が永遠なものの助けによって起こっているという言葉は注意してよいであろう。又、この絶望は、一つの行為として意識され、外的事物の圧迫による苦しみとして外的なものから来るのではなく、直接に自己から来る。

無限な自己について。この絶望において、始めて無限な自己が現出しているが、しかし、最も抽象

的な形式、最も抽象的な可能性においてである（本書九三頁参照）。この絶望者は、永遠とつながらず、この無限な自己をもとに、自己自身を創造し、自分の欲する自己であろうとする。しかし、キェルケゴールは、具体的自己とは必然性と限界を持つものであることを強調している。「（この絶望者は）〔具体的な〕始めにおいて、又始めと共にではなく、『始原に』始めようとするのである。彼は自分の自己を身に着けようとはしない。自らに与えられた自己の内に自己の課題を見ようとせず、無限の形式であることの助けによって、自分で自己を構成しようと欲するのである。もし人がこの絶望に対して、共通の名称をもとうとするなら、それはストア主義とでも呼び得る」（94）。キェルケゴールも言うように、ここで言われるストア主義は、一学派としてのストア主義と考えなくてよい。この文を参考にするなら、真の宗教的実存は、具体的なありのままの自己を引き受け、その自己をもって、永遠（神）と関係すると言えよう。その時この自己は永遠の真理に満たされ、永遠の愛に満たされている。そこには、「永遠のアトム」である瞬間が存する（『不安の概念』参照）。一方、反抗的絶望は、時の充実を徹底的に自分の手で作り上げようとし、憤怒を以って頑張るのである。

この種の絶望を更に解明するためには、行動的自己と受動的自己とを区別するとよい。まず、行動的な場合である。「絶望した自己が行動的である場合、たとえ自己が、どれ程偉大で又驚異的なことを、どれ程の忍耐をもって企てようとも、自己は本来、常にただ実験的にのみ自己自身に関係するのである。自己は自己以上の何らの力も認めないから、結局のところ〔最後の根拠において〕真剣さを欠き、自己の実験に最大の注意を払っている場合ですら、見かけ上真剣なふりをすることが出来るだけである。ここにあるのは偽りの真剣さである」(94)。この部分はじっくり読むと分かる。自己がその内部で行動している全弁証法の内には、確固としたものなど何もない。すべて初めから創《はじ》め得るということは、どこまでいっても仮定的なのである。彼は国土なき王である。やっているすべての根底に虚無がある。絶望した自己が受動的である場合も又、絶望して自己自身であろうと欲することである。「絶望して自己自身であろうと欲する、かの実験的自己は、自分の具体的自己においてあらかじめ方向を見定める際に、恐らくあれこれの困難に、キリスト者なら十字架と呼ぶような、何にしろ、ある根本的障害にぶつかるだろう。そこで、否定的自己、すなわち自己の無限な形式は、恐らく最初はこれを一掃しようとし、まるでそんなものは現存しないかのように、自分はそんなものについては何も知らないかのように振舞うであろう。しかしそれは成功しない。実験する技術も抽象する技術も力及ばず、あたかもプロメテウスの如く、この無限な否定的自己は、この苦役に釘づけされているのを感ずるのである。かくして、自己はここでは受動的自己となるのである」(96)。彼はしかし、この世の十字架が取り除かれるという可能性に望みを託さない。肉の内の刺(パウロの言葉)が、あまりに深く突き刺さっているので、引き抜くことが出来ないと思い込む。そして、この刺を縁としてあらゆる現存在に躓く(憤怒する)のである。

「『悩める者は、もし誰か彼を救い得る者がいれば、もちろん喜んで救われようとするだろう』と語られる場合、それは必ずしも真であるとはいえないのである」(98)。宗教的救済においては、救いを無条件に受け入れ、自らは無として留まらねばならない。しかるに、絶望して自己自身であろうと欲する自己は、結局のところ、彼の具体的自己から取り去ることも切り離すことも出来ないあれこれの苦痛に呻吟する。しかし、まさしくこの苦悩に彼は全情熱を注ぐのであって、その結果最後にはこの情熱は悪魔的狂暴となる。天に在《ましま》す神や全ての天使が、その状態から彼を救いたいと申し出たとしても、彼はそれを望まない、それは余りに遅すぎるのである。この苦痛、苦悩に居直り続け、救いを拒絶する立場を、キェルケゴールは「悪魔的なもの」と名づける。この種の絶望は世間では稀にしか見られない。又、このような絶望には、いかなる対応する外見もない。そこには錠のおろされた内面性があるだけである。

一五　絶望は罪である

これまでは、絶望の諸形態、諸段階が、絶望を意識していない絶望と、意識という契機を導入した絶望に分けて展開された。後者において、意識の上昇と絶望の強化は比例していたが、あくまでもそれは「人間的自己、あるいは人間をその尺度とする自己という規定」(108)の内で考察された。しかし、人間はそれ自らに関係する関係であると同時に、他者によって措定された関係であり、自己関係は神と透明に関係しない内は、不安と絶望の内をさまようのである。「人間は自己を実現する場合に、神に対して永続的な関係をもたねばならない」のである。[20] 第二編をはじめるに当って、アンチ‐クリマクスは「神の前で」という規定、「神観念」を導入する。そして、これまでの絶望の展開に神観念が導入された時、そこに「罪」の概念が成立する。「罪とは、神の前で、あるいは、神の観念を抱きつつ、絶望して自己自身であろうと欲しないこと、ないしは絶望して自己自身であろうと欲することである」(105)。罪はそれゆえ、厳密に言って「神学的自己」「神に面する自己」において成立する(108)。神の前に立って絶望する時、この絶望は「情状加重の」絶望であり、この絶望は、第一編の絶望と比べ、人間の人格を根源的に破滅させるのである。

この節には、「絶望と罪との間の最も弁証法的な境界領域として、宗教的なものへの方向づけをもった詩人‐実存とでも呼びうるもの」が問題とされている。この詩人‐実存はキェルケゴール自身に適用される実存でもあった。この実存は、内閉性の内にあるが、宗教性を取り入れ、神をこよなく愛するが、内閉性の絶望も手放すことが出来ない。彼はいわば宗教性の失恋者である。「宗教性のもとで信じつつ苦悩を身に引き受けるのではなくて、詩的源泉となっている内閉性の苦悩を棄てることが出来ないのである――棄てる要求を朧気に感じながら」[21]。こうした詩人‐実存は、恋ゆえに不幸になり、それによって詩人となった者が、恋の幸福をこの上ない喜びを持って賛美することと似ている。不幸を真に引き受けるのではなく、それを詩的創作の源泉としてしまうのである。この詩人の描写には、いかなる聖職者等の描写にも見られないような魅力と詩的感興が備わっている。しかし、それは、真実生きず、虚構を自己のものとして、神の前に躓いている人間の姿に他ならない。このような詩人の罪は「存在する代わりに詩作」していることである(105)。恐らく、文学を志す人間は、このような危険を常にもつことになるのであろう。生きて書くのではなく、書くために生きることとなり、いかに絢爛たる文字世界を構築しようとも、生の大地から遊離してしまうのである。

一六　神の前に、という規定

自己は、神に面する自己ということで、新たな質と権能を獲得する。仏教においても、弥陀の本願に出会った人間にとって、私の生き方は、常に南無阿弥陀仏との関連の中で自覚されるようになる（こうならなければ、念仏者とはいえない）。宗教的に生きるとは、単に外面的に、教会に日曜日ごとに行ったり、教会で結婚式を挙げたりすることではない。常に神との関係において、私の生活が自覚されることである（この点、現代日本の宗教性はどうなっているのだろうか）。毎日の生活の中に念仏があるのではなく、念仏の中に生活があることである（本書八頁参照）。

「牝牛に面して自己である牛飼い（こんなことがあり得るとして）は、非常に低い自己である、奴隷に面して自己である主人も又同様であって、本来何らの自己ではないのである――なぜなら両者共に尺度が欠けているからである。これまで単に両親という尺度だけをもって育った子供は、やがて成人して国家を尺度とする時、自己となる。しかし、神を尺度として得るに至れば、どんな無限のアクセントがこの自己に加わることであろう！」(108)。牝牛に面して自己である牛飼い↓奴隷に面して自己である主人↓国家に面して自己である成人↓……神に面する自己。この最後の……は、質的飛躍であって、無限の深淵が存する。ここには、田辺元の「種の論理」の問題も潜んでいる。田辺は、普遍と個別、種と個別の関係が矛盾を来たすとして、学徒出陣の現実の中で思索した。戦争を考えれば、国家（種）と個人の間には、国家の理屈が厳然として存在する。そこには徴兵制が存する。しかし、戦場に出れば、軍人は殺戮を仕事とする。しかし、「汝、殺すなかれ」という声は、普遍的な良心の声として、軍人にも響くのではないか。戦争を想定しただけでも、人間存在は、大きな矛盾を抱えていることが分かる。

罪を恐ろしいものにしたのは「神の前にある」（正確には「神の前に存在するという意識をもって」）ということである。古い教義学はこのことに固執した点で正しかったとキェルケゴールは言う。「絶望は、自己意識との関係において強化される。しかるに自己は、自己に対する尺度と関連して強化されるのであり、神がその尺度である時には、無限に強化されるのである」(110)。神観念の増大と自己の増大は比例する。神の前に存在する自己として、自らを意識した時、自己は無限の自己である。そして又、ここにおいて無限の自己中心性も可能となる。この点、異教徒の自己中心性は単なる自己愛に過ぎないから、神を意識しつつ自己に閉鎖するような自己中心性は知らない。高い視点から見て、異教徒は罪の内にあるということは正しいが、異教世界は、神観念をもたないから（絶望的無知）、厳密な意味では、罪を犯していないということも正しい。

「罪とは、神の前で絶望して自己自身であろうと欲しないこと、あるいは神の前で絶望して、自己自身であろうと欲することである」(111)。キェルケゴールはここで、殺人や窃盗や姦淫などの罪と根本的な罪とを比較している。前者も神の命に反抗する不従順であるが、これらだけを罪と考えると、生存そのものが罪である面が見失われるのである。例えば、我意(Selvraadighed)が例に取られている。「それは(我意は――筆者註)、人間的自己がその最も内密な願望や思想のいずれに関しても、又、この自己に対して神の意志が何であるかについて神が示される最もかすかな目くばせの一つ一つをすばやく捉える繊細さとそれにつき従う用意に関しても、いかに無限に深い意味において、神に従順であるべく義務づけられているかということを、精神なきためかあるいは厚顔のゆえにか、知らぬままですましたり、あるいは知らないでいようとすることなのである」(111‐112)。例えば、仏教で言えば、唯識派の言う末那識《まなしき》を考えると分かりやすい。外面的な罪だけではなく、生存の奥底で、人間は我執をもっているのである。こうした罪の有り様を、先の定義は正確に表現している。そのことは、罪の反対である信仰概念を問題にすれば、たちどころに分かる。こうして、罪の反対は信仰であるが、罪の反対を徳(道徳的)とする誤解が行われてきた。キェルケゴールはローマの信徒への手紙第一四章第二三節を引いてこのことを強調している。

一七　躓きについて

「罪—信仰という対立は、キリスト教的なものであり、キリスト教的に、すべての倫理的な概念規定を造り直し、一層純化するものである」(113)。罪—信仰の対立の根底には、「神の前に」という決定的にキリスト教的なものが存する（罪—徳の対立は人間的自己のレベルにおいて言えるだけである）。又、この規定は、背理なもの、逆説、躓きの可能性という決定的なキリスト教的基準を含む。

人はなぜキリスト教に躓くのか（ちなみに、躓き（Forargelse）という言葉には、感情を害する、立腹するといった意味も含まれる）。その理由は、キリスト教が余りに高く、その目標が人間の目標でないからである。キェルケゴールは貧しい日雇い労働者と帝王の例を出してくる（115以下）。帝王がこの日雇い労働者に使者を送り、婿にしたいと申し出るのだが、彼は、このことを素直に喜べず、むしろ帝王が自分を小馬鹿にしようとしていると立腹するのである。このような例は、『法華経』の「長者窮子の比喩[22]」と類似している。ここには余りの過度が存在するのである。しかし、この申し出を信ずるつつましい勇気こそ、信仰である。「さて、キリスト教は如何！　キリスト教は次のように教える、すなわちこの単独の人間が実際のところ男も女も、召使いの娘も大臣も、商人も理髪屋も学生も、その他誰であれ、皆そのような単独の人間なのだが、この単独の人間が神の前に現存しているのである、と。——恐らく一生に一度でも王と話せたならそれを自慢に思うようなこの単独の人間、これこれの人と親密な関係にあることを少なからず得意がるような人間、この人間が神の前に現存するのであり、彼が望むいかなる瞬間にも神と語り得るのであり、確実に神に聞き届けられるのである、要するに、この人間が神と最も親密な関係に生きるように申し出られているのだ！」(116)。我々は、キェルケゴールがここで言っている単独者の概念を、大げさに考えてはならない。『歎異抄』の言葉で言えば、信仰とか信心が問題となる時には、「弥陀の本願には、老少・善悪のひとをえらばれず」(第一条)なのである。誰もが如来の本願の前にいるのである。神は受肉して、私の前に立っている。そして全ての者に、我に来たれ、我汝を休ません！　と呼び、我に躓かぬ者は幸いなり、と叫んでいる。ここには嘆願する神が在《ましま》すのである。キェルケゴールは又、躓きを理解したいならば、嫉妬について学ぶとよいと述べ、「嫉妬とは隠された讃美である」(117)と述べている。讃美する情熱をもたない人間は、嫉妬ももたない。それと同様に、信仰の情熱のない人間には、躓きもないのである。

一八　罪のソクラテス的定義

「罪は無知である。周知のように、これがソクラテス的定義であり、全てのソクラテス的なものと同様、常に注目に値する一典拠である」(119)。しかし、人はソクラテス的無知を越えて、更に進もうという衝動(en Trang til at gaae videre)を感じた。「更に進む」は、キェルケゴールがよく使う言葉であり、特にヘーゲル主義者が、弁証法的な展開の主観性の契機において、更に進むべき必然性をもっているという時に、それを皮肉って使っている。ところで、ソクラテス的定義のもつ難点は、この定義が、無知そのもの、その起源等について、無規定のままにしている点にある。無知とは、人間の根源的な無知状態なのか、あるいは、作り出された後からの無知なのか。後者の場合、罪は本来無知とは別の何かに根差していないければならない、すなわち、自分の認識を曇らせてしまうような人間の内なる活動、意志に根差していなければならない。その場合には、認識と意志の相互作用の問題が生じる。しかしソクラテスはキリスト教がそこから始めるような全探求には、決して足を踏み入れない。罪が無知なら、人は正しいことを知りながら不正を為すとか、不正と知りながら不正を為すということは起こらないからである。

キリスト教が決定的に、質的に異教と区別されるのは、罪についての教説においてである。キリスト教は、首尾一貫して異教も自然的人間も罪が何かを知らないとみなし、又、罪が何かを明らかにするためには、神の啓示がなければならないとする。それでは、ソクラテスが罪を規定する際に欠いていた規定は何であるか。それは意志であり、反抗である。「人がそれと知りつつ善を為すことを怠り、あるいはそれと知りつつ、すなわち正しいことを知りながら不正を為し得るということ、そこに理解が及ぶには、ギリシャ的知性は余りに幸福であり、余りに素朴であり、余りに美的であり、余りに皮肉であり、余りに機知に富み――そして余りに罪深かったのである」(122)。

こうして、キリスト教の罪概念と比較して、キェルケゴールはソクラテス批判を行うのであるが、一方で、現代はソクラテス的無知が必要であると述べている。「今日の時代は、異常な程に空しく膨張した実りのない知識の内にさ迷い込み、その結果確かに今や、ソクラテスの時代と全く同様に、否それ以上に、人間は少しソクラテス的に飢えさせられることが必要なのである」(122-123)。人は最高のものを理解したとか概念把握したとか主張するが(ヘーゲル主義)、こうした知識や理解が、自らの実際の生活に何の力も及ぼさない。「ある人が、真理のために自らの生命を捧げる気高い物語や、自己否定の物語を読んだり聞いたりして、涙ぐむまでに感動し、汗ばかりかはらはらと涙までこぼし得たかと思うと――まさに次の瞬間には、目の涙もほとんど乾かぬままに、一、二、三(ein, zwei, drei)それ、とたちまち一転して、非真理が勝つように手助けするために、額に汗して、自分の能力などなんのその、全力を尽くすとしたら、それこそ無限に滑稽なことなのである」(124)。一、二、三、という表現は、弁証法的な、定立、反定立、綜合のいわゆるトリアーデを表現している。ヘーゲル主義が、あらゆる矛盾を純粋思惟において止揚してゆく欺瞞を皮肉っているのである。さらに又、次の文章は、当時のデンマーク国教会の現状への批判である。「キリストがいかに賤しい下僕の姿で彷徨《さまよ》われ、いかに貧しくいかにさげすまれ、いかに嘲笑され、聖書に言うように、いかに唾吐かれたかを、自分は完全に理解していると断言する人を見かけることがある、――しかもその同じ人が、非常に用心深く世間的な意味で快適なところへ逃げ込み、そこで最も安全に身を保っているのを、私は見るのである」(124)。我々の時代は、皮肉的-倫理的矯正を緊急に必要としていると、キェルケゴールは述べている。

ソクラテス的定義は次のように問題を解いてゆく。すなわち、ある人が正しいことを為さない場合、彼はそれを理解していなかったのだ、彼は理解したと思い込んでいただけであり、理解したという彼の断言は見当違いだったのだ、と。ある人が正しいことを為すなら、勿論彼は罪を犯しはしない。彼が正しいことを為さないなら、彼はそれを理解していなかったのだ。彼が真実にそれを理解していたなら、それは直ちに彼を動かしてそれを為さしめ、直ちに彼と彼の理解を一致させるであろう、故に罪は無知である。キェルケゴールは、このソクラテス的定義には「あることを理解したということから、それを為すということへの移行に関する弁証法的規定を欠いている」(126-127)と言う。キリスト教は、まさにこの移行において始まるのである、そしてこの道を進むことによって、罪が意志の内に存することが明らかとなり、やがて反抗の概念に行き着く。そして終りをしっかり締めくくるために、原罪の教義が付け加えられる。「概念把握するという思弁の秘密は、まさに終りをしっかり締めくくることなく、又、糸に結び目を作ることなく縫っていくことに存するのであり、それゆえ不思議にもどこまでも縫いつづけることが出来、糸をどこまでも通しつづけることが出来るのである」(127)。「糸に結び目をつける」という比喩もキェルケゴールがよく使う比喩である。「キリスト教は逆説によって最後をしっかりと締めくくるのである。純粋な観念性〔理念性〕、そこにおいては、単独の現実的な人間など問題とならず、又、移行も必然的であり(実際又体系においては、全ては必然的に起るのだが)、あるいは、理解することからそれを為すことへの移行にも何の困難もまとわりついてはいない。これがギリシャ的立場というものである(といってもソクラテス的なものではない、ソクラテスはそのためには余りに倫理家すぎるのだから）。そして、これと全く同じことがまさしく近代哲学全体の秘密なのである。その秘密は、我思う、故にわれあり（cogito, ergo sum）即ち、考えることが存在することである、ということに存するのだから（これに反し、キリスト教的には、こういわれる、汝の信ずるごとく汝になれ、あるいは、汝の信ずるごとく汝は存在する、信ずることが存在することである、と）」（127）。

単独の人間が問題となる現実の世界においては、理解したということから為すということへの、ごく小さな移行が存し、それは必ずしも、速やかに起るものではない。精神生活には、静止状態は存在しない。人間が正しいことを認識したその同じ瞬間に、それを為さないとしたら、まず認識が沸騰を止める。次に、認識されたものについて意志がどう考えるかが問題となる。意志は弁証法的なものであり、又、人間の内なる低級な性質を全て自己の内に含んでいる。このように述べて、キェルケゴールは意志と認識の馴れ合いを問題にする。ここで言われていることは、パウロやアウグスティヌスが深い体験をもとに取り組んだ問題である（なお、本書五三頁参照）。

ギリシャ精神は、人は知っていて不正を為すと言明する勇気をもっていない。かくて助け舟を出して次のようにいわざるを得ない。もし誰かが不正を為すなら、その人は正しいことを理解していなかったのである、と。一方、キリスト教は、罪に関して、神からの啓示がなければならないとする。罪とは正しいことを欲しないということであり、反抗である。この教えは、概念把握できないものであり、信じられねばならない。罪についてのキリスト教的教義は、人間に対する全くのあてつけであり非難につぐ非難である。それは神が告発者として、あえて人間に対して提起するところの告訴である。

概念把握することの射程は、人間的なものへの関係に限られている。一方、信ずることは、神的なものに対する人間の関係である。キリスト教は、この概念把握出来ないものを啓示されているという形で説明する。キリスト教的に理解されるなら、罪は意志の内に存し、認識の内にあるのではない。そして、この意志の堕落は、個体の意識を超えている。これも全く首尾一貫したことである、なぜなら、そうでなければ、いかにして罪が始まったかという問題が、各個体ごとに起こされねばならなくなるからである。この箇所の理解には、『不安の概念』の熟読が必要である。罪意識の質的飛躍的な出現がなければ、個体の責任性は問われ得ない。それゆえ、キェルケゴールは、『不安の概念』において「共感的反感、反感的共感」という不安の構造において、その出現のぎりぎりの地点まで、罪意識を心理学的に追求したのであった。しかし、アダム以後の個体における現実的な罪意識の生成では、人類における罪性の量的な増加が問題となる。この罪性の威力が、今ここで説かれているのである。

それゆえ、前に（本書一〇八頁）述べられた罪の定義は、次のように補足されねばならない。「罪とは、神からの啓示によって、罪が何であるかが明らかにされた後に、神の前に絶望して、自己自身であろうと欲しないこと、或いは、絶望して自己自身であろうと欲することである」(131)。

一九　罪は消極的なものではなく、積極的なものであるということ

正統派の教義学は、この真理のために闘ってきたのである。罪は弱気や感性や有限性や無知等々といった消極的なものではない。罪が消極的に規定されるならば、キリスト教全体がぐらつくのである。罪とは神の啓示によって初めて明らかになるものである。人間の意識内部で知られるものは罪ではない。『歎異抄』の罪悪深重・煩悩熾盛は、如来の本願との出会いの中で明らかになる。私が意識的に反省して「悪い私」「罪深い私」と言ったところで、決して宗教的罪概念には至らない。正統派は、堕落した人間に罪とは何かを教えるためには、神の啓示がなければならず、それは教義であるが故に信じられねばならないと厳命する。神‐人の逆説と、信仰と教義は、三つ一致して同盟を結び、異教への防壁を形成する。

これに対して、思弁的教義学は、罪は積極的なものであるという規定を、概念把握出来ると考えた。しかし、これが本当なら、罪はある消極的なものになる。なぜだろうか？　概念把握（Begreifen）は意識内部の行為だからである。思弁の二枚舌は、同様に悔い（Anger）の規定にも妥当する。悔いについては、『不安の概念』の「悔いは最高の倫理的矛盾である」(23)という定義が重要である。私はこれを「悔いは悔いない」と受け取っている。激しい情熱的な悔いが存在する。それは真の悔いよりもはるかに悔いているようである。しかし、真の悔いとは、悔いることも出来ない悔いである。しかし、ヘーゲル主義はこのような悔いについても「否定の否定」でこれを解釈している。二重の否定は肯定である。

そこでは最高の倫理的矛盾としての悔いは解消されてしまう。スピノザの「すべての限定は否定である」という考えを元に考えるなら、罪については次のような展開となる。無垢という限定→罪の現出→無垢と罪の和解。ヘーゲルが思惟する宗教はこうした運動を為す。しかし、キェルケゴールは、運動は思弁的に一、二、三と進むものではない、移行は「間」を持つのであり、そこには飛躍があると主張する。この移行は必然的に起こるのではない。しかるに思弁の弁証法は、間を考えず、直ちに止揚する（aufheben）（この弁証法の問題はマルクスの問題でもあった）。キェルケゴールは、このように考えるのは、現実的には狂気の沙汰であると言う。「現実世界で、ある人が自分の完了していない（未完了態）仕事が完了したということが、ひとりでにそうなったとか、直ちにそうなったとか、言おうものなら、彼は確かに気が狂っているといえるだろう」（133）。宗教的な罪や信仰については、概念把握できない。それは主体の飛躍を伴うのである。神－人の逆説も決して概念把握出来るものではなく、信仰があるのみである。だからこそ、そこには、悟性のみで宗教に接近する人間にとっては、大いなる躓きが存するのである。

頭でっかちの時代では、このような信仰は貧弱に見えるだろうとキェルケゴールは言う。逆に言うと、信仰に至るためには、理屈を放棄する自己否定が必要なのである。キェルケゴールはこのことを、ソクラテスの無知と関連させている。ソクラテスの無知は一種の神への畏れでもあった。「われわれは次のことを決して忘れないようにしよう、彼はまさに神に対する畏敬のゆえに無知だったということ、異教徒として可能な限り神と人間との境界上で、審判者として見張りをし、神と人間が哲学的にとか詩的にとか等によって一に帰せしめられることのないよう、神と人間の質的差異の深淵が確固として存置されるよう、神と人間との間で見張っていたのだということを」(135)。

キリスト教は歩み出て、人間悟性が決して概念把握出来ないよう、罪を積極的なものとしてしっかりと措定する、それから、人間悟性が決してそれを概念把握出来ないような仕方で、この積極的なものを取り除こうとするのも又、この同じキリスト教の教説なのである。キリスト教は可能な限り逆説的であり、まさに自己自身に逆らって働くのである、すなわち、もはや再びそれを取り除くことは全く不可能になると思われる程に、罪を積極的なものとしてしっかり措定しておきながら、次に宥和(Forsoning)によって、あたかも海中に呑み込まれてしまったかのように罪を跡かたもなく拭い去るのである。

二〇　しかしそれでは、罪は或る意味で非常に稀なものにならないか？

第一編で、強度な絶望は世間で稀であると言われ、第二編に来て、罪が一層強化された絶望であることが言われる。そうだとすれば、罪は世間において非常に稀なものとならないのか。キェルケゴールは、ある意味でこのことを肯定する。しかし、絶望において、強度に絶望していないからといって、絶望していないということは結果しなかった。逆に、ほとんどの人間が絶望していると言われた（絶望の普遍性）。同様のことが罪についても言われるのである。罪も又非常に弁証法的な構造をもっている。多くの人間は、全く罪について鈍感であり、罪とも呼ばれない程に無精神的である。そのような無精神性とキリスト教は関係すらもてないほどである。キェルケゴールは、湿地や沼地にテコを用いることが出来ないという比喩で、このことを描写している。まさしくニーチェが、白昼にランタンを灯して神を探す狂人の比喩を述べて、神なきニヒリズムの時代の到来を告げたことと相通ずるであろう（『悦ばしき知識』125）。この無精神性は罪ではないのか。しかり。しかも、そのような罪状態について、人間の方に責任があるのではないか。しかり。キェルケゴールはこのように述べて、特にいわゆる既成のキリスト教界への鋭い批判を向ける。既成のキリスト教界においては、すべてがキリスト者である。しかし牧師ですら真の信仰者であることは稀である。牧師たちは、キリスト教を弁護したり、祈りの有益さを三つの理由で証明しようとしたり、思弁的に概念把握したりする。しかしそのような行為は、全ての悟性を超越するキリスト教的真理への裏切りであり、冒涜である。一体、真に恋する者が、恋の意義を三つの理由で説明しようとするだろうか、とキェルケゴールは皮肉っている（本書二九頁も参照）。かくして既存のキリスト教界は、真のキリスト教から遥かに遠ざかっているのである。この論述は、キェルケゴール最晩年の国教会攻撃に通じている。

二一　罪の継続について

「罪の内なるすべての状態が新たな罪である。或いは、より正確に表現されねばならないし、又以下にそれがなされるはずであるが、罪の内なる状態は新たな罪であり、それが罪というものなのである。これは恐らく罪人には誇張に思えるだろう。彼はたかだかその都度犯される現実的な新たな罪だけを新たな罪と認めるのである。しかし彼の罪の勘定書を作っている永遠は、罪の内なる状態を新たな罪として記載するにちがいないのである」(136)。キェルケゴールはこのように述べて、罪の内なる状態が、悔い改めない各瞬間毎に、新たな罪であると述べる。永遠は本質的な連続性であり、人間が常に自己を精神として意識し、信仰をもつべきであると要求する。しかるに多くの人は、重大な決断をする時などに、自己を意識するに過ぎず、あるいは一週間に一度どうにか精神であるに過ぎない。こうしてキリスト教的立場から見れば、罪はほとんどの人にとって第二の天性となり、罪の全体的規定についての何らの観念ももたず、破滅の迷路を彷徨っているのである。「彼は破滅の内で、自分の生活が、信仰の内で神の前にいることによって、永遠なものの本質的連続性をもつ代りに、罪の連続性をもって経過しているということに、盲目なのである」(144)。

しかし、罪は非連続ではないのかという常識が蔓延している。そして、ここにも罪は消極的なものに過ぎないという思想が顔を見せている。「しかし、キリスト教的にいえば、罪は積極的なものであり、ますます増大する措定の（ponerende）連続性を自身の内から展開するものなのである（このことは信じられねばならない、というのもそれは、実際いかなる人間も概念把握出来ない逆説なのだから）」（144）。この連続性の増大の法則は、負債や負量の増大の法則とは違っている。負債は新たな負債が付加される度毎に増大するにすぎないが、罪は、人がそこから脱け出ていない各瞬間毎に増大する。「キリスト教的に理解されるなら、本来罪の内なる状態こそ、より増大する罪なのであり、新たな罪なのである」（145）。罪の内なる状態は、最深の意味で罪であり、個々の罪は罪の継続ではなく、罪の継続の表われなのである。

キェルケゴールは、精神規定の下にある実存は、少なくとも何らかの理念の内に一貫性をもつと述べる。そして、この一貫性こそ彼の生命であるから、それを喪失することを無限に恐れるのである。そこでは最小の矛盾も巨大な喪失となる。「それゆえに、善なるものの一貫性の内に安らい、又、そこに自己の生を営んでいる信仰者は、最小の罪に対してさえ無限の恐れを抱くのである、というのも彼は無限に喪失しなければならぬのだから」（146－147）。この一貫性は又、信仰者に対する悪魔的な者に関しても言い得る。「善の点で彼よりも堅固な人に面して、もしこの人がその至福の崇高さにおいて善を彼の前に描こうとでもするなら、悪魔的な者はこの人に対して、自分などに語りかけないでくれ、彼の言葉でいうと、自分を弱くしないでくれと懇願するであろう、そう、涙ながらに懇願するであろう。それというのもまさしく悪魔的な者がそれ自身において一貫しており、悪の一貫性の内にいるからなのであり、だから又、失うべき全体性をもっているからなのである」（147）。悪魔的な者のこの一貫性への固執は、先に言われた罪の継続こそ罪であるということを証明している。

二二　自己の罪に関して絶望する罪

神の前で絶望することは罪であった。さらに度の強まった罪は、「自己の罪に関して絶望する罪」である。そして、「自己の罪に関して絶望することは、罪がそれ自身一貫したものになった、或いは一貫したものになろうとしていることの表現である。……実際囲いの中に囲いを作って自ら閉じ籠り、罪に関する絶望を盾に、善なるもののあらゆる襲撃と迫害から身を守ろうとするのである。それは、すでに自己の背後の橋は切り落とされてしまっており、今や善が自分に来る道も自分が善に至る道も絶たれてしまっていると意識し、かくて気弱な一瞬に、自ら善なるものであろうとしても最早それは不可能であると意識しているのである。罪それ自身が善からの離脱であるが、罪に関する絶望は第二の離脱なのである」(149)。この罪は、悔いや恩寵を無意味となし、何よりもこうしたものから自己を防御しようとする。こうしたものに決して耳を傾けないと永遠に決意し、罪に力を蓄積しようとする試みである。しかし、一方でこうした罪人は、「自分がいのちの糧を何一つもたず、自分自身の自己についての観念さえもっていないということを、よく意識している」(150)。キェルケゴールは、マクベスの「今からはもう（彼が王を殺し――そして自己の罪に関して絶望している今）、人生に何の真剣なこともなく、全てがたわごと、誉れも恩寵も死んでしまった」（第二幕第二場）という言葉に、この罪のすぐれた表現を見出している。

キェルケゴールは、罪に陥ったが、長い誘惑との闘いの後で勝利をおさめ、しかし又再び罪に陥った罪人の例を出している。彼は、激しい表現で、「私は決して自分を赦さない」と叫ぶ。世間では、こうした叫びが、何か深い本性の表れとして見做されることになるが、キェルケゴールは鋭くこの表現の二枚舌を指摘している。「人はまさしくこの言葉を吟味することによって、直ちに弁証法的に正しい方向を見出し得るのである。彼は決して自分を赦さない――しかし、もし神が彼を赦そうと欲しておられるのなら、彼にも実際、自分自身を赦す優しさがあっていいはずなのだ。そうではなくて、彼の罪に関する絶望は、その激情的表現の内で荒れ狂えば狂う程、ますます激しくなって、彼が『決して自分を赦さない』という時、彼はそれによって、ほとんどそれと気づくこともなく、かえってそのように罪を犯し得るということを（そうなのだ、こういう語り口は、神に赦しを乞い求める深い悔恨の情とはまるで反対のものなのだから）、自己告発しているにすぎないのである」(152)。彼は、誘惑に勝った時高慢となり、もう過去は過去だと位置づける。しかし、罪の再犯によって過去的なものは再び現在的なものとなる。このことに彼は耐えることが出来ず、深い悲嘆等が現出するのである。しかしこの悲嘆の方向は、神からの遠ざかりであり、自己愛と高慢に他ならない。「彼はかくも長く誘惑に抵抗すべく助け給うたことを謙虚に神に感謝することから、つつましく始めるべきなのであり、又、そのことだけでもすでに彼の力量以上のことであったことを神と自己自身の前で告白すべきであり、さらに又、彼がかつてどのような人間であったかを想い起して、その下に謙虚に身を屈すべきなのである」(152)。激情的に、罪を嘆く人を前にして、牧師が、もし慰めのための多量の理由を述べるとしたら、それは全く焦点の合っていない対応である。診断は、その嘆きが新たな罪であることを明確にすることである。「私は何という罪深い人間であることか」とか「私は自分でも自分の罪を赦すことは出来ない」とかいった言葉は、その根底に、罪を自分で始末出来るという傲慢が潜んでいるのである（始末という言葉については本書七二頁以下頁参照）。筆者の言葉で言えば、お化粧直しして、もう少し立派な善人になって、神様の前に立とうとする慢心が潜んでいるのである。それは、罪を贖うために十字架に架けられた神の愛と呼応してはいないのであり、強く言えば、神を殺しているのである。静かな勇気（これこそ真の情熱である）をもって、神の前に身を投げ出す以外に、なすすべを失った地点こそ、キェルケゴールが言い続けている信仰の地平である。

二三　罪の赦しについて絶望する罪（躓き）

第二編では、神と面する自己が出てきて、それが罪の定義の基盤として置かれたが、ここでは「キリストに面する自己」が出てくる。この段階での絶望にも、絶望して自己自身であろうと欲しない絶望か、あるいは絶望して自己自身であろうと欲する絶望があり得る。前者は、躓いて信ずる勇気のない弱さの絶望であり、後者は躓いて信じようと欲しない反抗の絶望である。ただしここでは弱さと反抗が逆である。なぜなら、ここでは単に自己自身であることが問題ではなく、罪人であるという規定において自己自身であることが問題だからである。他の場合は、弱さは、絶望して自己自身であろうと欲しないことであったが、ここではこれが反抗である。なぜなら、自己の真実態である罪人としての自己自身であろうと欲しないこと（これは又罪の赦しなしで済まそうとすることでもある）、それは反抗だからである。又、他の場合には、絶望して自己自身であろうと欲することが反抗であったが、ここでは絶望して、罪人であろうと欲することは、弱さなのである。「キリストに面する自己は、途方もない神の譲歩（Indrømmelse）によって度の強化された自己、神がこの自己のために誕生し、人間となり、苦しみ死に給うたということから生じる途方もない重みによって度の強化された自己、である。以前に、神‐観念が増せば増す程自己も増すといわれたが、ここでは、キリストについての観念が増せば増す程自己も増す、といえる」(155)。

神は罪の赦しにおいて和解を申し出られた。それにも拘らず、罪人は絶望するのであり、絶望は一層深刻となる。「それは今や或る仕方で神に関係しているのだが、しかしその関係は、神からさらに遠ざかり、さらに罪の内へと深化したというまさにそのことによって生じているのである。罪人が罪の赦しについて絶望する場合、ほとんど彼は神に直談判に押しかけているかのようである。実際、『否、罪の赦しなどないのだ、それは不可能なことなのだ』などという言葉を聞くと、それはまるで口論のように響く。又、まるで掴み合いのように見える。しかしながら、人間がそれを言い得るためには、又それが聞かれ得るためには、神から質的に遠ざかっていなければならない。そのように接近戦（cominus）を闘うためには、遠くに（eminus）いなければならない。このように精神‐世界は、音響学的な意味で奇妙な構造をもっており、その距離‐関係は奇妙に配置されているのだ。或る意味で神に肉迫しようとしているこの否認の声が聞かれ得るためには、人間は、可能な限り神から遠ざかっていなければならない。神への可能な最接近はすなわち、最遠離なのだ」（155‐156）。

今簡単にこのあたりの弁証法を見ておきたい。キェルケゴールは、ヘーゲル学派に対して、常に激しい批判を繰り返したが、ヘーゲル自身には、非常にすぐれた洞察が、幾箇所も見られる。その一つが『大論理学』の「本質論」第一編の中の、次のような文章である。「区別は全体であり、またその固有の契機でもある。また同様に同一性も全体であると同時に、その固有の契機でもある」（Der Unterschied ist das Ganze und sein eigenes Moment, wie die Identitat ebensosehr ihr Ganze und ihr Moment ist.）(24)。この文において、区別は全体であるということは、区別は区別であるということである。しかし、それは区別を成立させる契機でもある。同一性についても同様のことがいわれる、たとえば「机は机である」という同一性は、まず同一性を表している、しかし、同一性を成立させる契機でもある、すなわち、区別と並んで、同一性を成立させる一つの契機として位置づけられるのである。こうしたことを基礎として、ヘーゲルは差異性―対立―矛盾ということを問題とする。この展開は、区別の相の深化を表現している。差異性（Verschidenheit）とは、ただ外面的に違っているというだけのことであり、外面的・無関心的に見られた区別の相である。こういう立場をヘーゲルは抽象的悟性の立場とする。対立（Gegensatz）は対立する両者が共に他の契機でありながら、いずれも全体を主張している段階である。

ここでは他者を含む（enthalten）から、他者を排斥する（ausschliessen）。最後に矛盾（Widerspruch）の段階である。ここでは、絶対的に対立しているのであるが、しかし却って他者によって己れの存立も可能になっている。絶対矛盾においては、矛盾するものは、矛盾する程に互いの相手を必要としているのである。

この論理を参考にするなら、先の引用文にもあったように、神への最接近は、神から遠く離れていなければならない。逆に言えば、神への接近は、神からの無限の遠ざかりを必要とする。このあたりの論述にも、我々は、『死に至る病』において、絶望を単に病としてのみ考えるキェルケゴールの立場が破綻しているのを見得るであろう。

「汝信ずべし」が極めて真摯に言われた時代には、「罪の赦しについて絶望する罪」は、非常に深刻な絶望であった。しかし、今日では、この当為が全く姿を消し、罪の赦しについて絶望することは、人間の一つの深い本性の徴として、美的‐形而上学的に尊重されるまでに至った。「人は結局、反対のための反対をして自分に勿体をつけるそのためだけに、神を廃棄しようとはしないのだ」（157）。神の名は、日常生活に最も出てくる言葉となり、何の熟慮もされずに使われる言葉となった。啓示神は、全民衆に余りにもよく知られた人物となってしまい、人々は時たま教会へ行くだけで、この神に大サービスしたことになるのである。

罪の赦しについて絶望する罪は、躓きである。異教にはこの罪は存在しなかった。異教徒は、たとえ罪についての真の観念をもち得ても、自己の罪に関して絶望すること以上には進み得なかった。そしてそこへ至るためだけにも、人間的に言って、沈思と倫理的諸規定が必要だったのである。これに対して、キリスト教の神は罪の赦しを申し出られた。かつて地上のいかなる教説も、キリスト教の神‐人の教説程に、神と人間を接近させたことはなかった。そして、この教説を逆説と躓きの可能性が守護してきたのである。しかるに、この教説を、台無しにしてしまったのが、他ならぬキリスト教なのである。「キリスト教界の根本‐不幸は、元来キリスト教なのである。即ち、神‐人の教説（十分に注意されるべきことであるが、これは、キリスト教的な意味では、逆説と躓きの可能性によって守られているのだが）が、年がら年中説教されることによって、空虚なものにされ、その結果、神と人間の質的‐差異が汎神論的に（最初は上品に思弁的に、次に俗っぽく通りや裏街で）止揚されてしまったのである」（160）。キェルケゴールは、人間が単独者として、正しく位置づけられず、群集として集められ、この抽象物がやがて神になるのも遠からぬことであると述べている。

「罪の範疇は単独性の範疇である。罪は決して思弁的に思惟され得ない」（162）。罪が単に思惟されるだけなら、決して真剣な問題とはなり得ない。それゆえ、罪の真剣な自己化（Tilegnelse）を、思弁は冷笑するように出来ており、そのようなことに時間を浪費するものではないと忠告する。しかし、単独の罪人であることを、何事でもないように位置づけるのは、軽率であると同時に新たな罪であるとキェルケゴールは主張する。思弁は、罪関係における倫理的なものを無視するが、倫理的なものは思弁とは逆方向に、単独者の範疇によって作業するのである。キリスト教は、罪の教説と共に、単独者と共に始まる。「神とキリストは、いかなる国王とも全く違った形で、国民や人民や大衆や公衆等々から、又同様に（item）自由憲法へのあらゆる要求から、きっぱりと身を守ったのである。全てのこれらの抽象物は神の前には全く現存しない、ただ単独の人間達（罪人達）のみが、キリストにおいて神の前に生きているのである――しかも神は十全に全体に目配りすることが出来、その上に雀にまで気遣い得るのだ」（164）。

「人間が、すなわち各々の人間が、罪人であり、しかもそれが『神の前で』という点に於て程、人間が神と区別されている点はない。それによって実際対立するものが二重の意味で対比される（holdes sammen）のである。すなわち対立するものが対比される（結びつけられる）（continentur）、それらは互いに決して離れることを許されない。しかして、そのように対比されることによって、差異はますます強烈に際立ってくる」（165）。この文については、先の矛盾についての解説を参照されたい。神と単独の罪人の関係は、あたかも二つの色を対比する場合のように、対立が並べ置かれて、いよいよその対比が際立ってくる。その際、この二項は、決して離れては存在しない。単独の罪人以外のものを、神と対比しても、神は神にならない。罪人を神以外のものと対比しても、罪人は罪人にならない。絶対に矛盾しつつ、この両者は、のっぴきならない形で、結びついているのである。だから、単独の罪人以外の「公衆」（Publikum）「国民」（Folk）などを神の前に置いて、さて「躓き」とか「審判」とかを考えようとしても、そのこと自体が、躓きや審判を真剣に考える場から、既に逸脱しているのである。宗教的な概念は、どこまでも単独者において問題となるのであって、赦しや裁きを集団で受けることは出来ない。「たとえばどれ程多数の者が裁かれようと、裁きが真剣さと真理を含むべきなら、その時には、各単独者が裁かれるのである」(167)。しかるに、現代においては、多数ということが、圧倒的な力をもって世間を支配している。「多数の為すことこそ、神のご意志というものなのだ」(168)。

二四　キリスト教を積極的に廃棄し、虚偽であると宣言する罪

「これは聖霊（den Hellig-Aand）に対する罪である」(170)。この言葉は、マタイによる福音書第一二章第三一節に基づいている。同じことが、マルコによる福音書第三章第二九節―三〇節にも言われている。聖霊の概念については、既に述べたので参照されたい（本書二一頁以下参照）。聖霊こそ、我々に最も近く働いて止まない神の力であるが、キリスト教を虚偽とする立場は、この力と対抗するわけであるから、ここでは自己自身についての巨大な絶望的観念が必要とされる。これまでを振り返りつつ、キェルケゴールは次のようにのべる。「罪が人間と神の闘いとして理解される時、この罪の度の強化が明らかとなる、ここでは、戦術が変えられ、度の強化は防御から攻撃への上昇ということである。罪は絶望である、その場合は闘いは逃避的になされる。次に、自己の罪に関する絶望が来たのであるが、その場合は、闘いはもう一度逃避的に、すなわち退却地点に砦を築きつつ、しかも絶えず後退しなが

ら（pedem referens）行なわれる。さて、今や戦術が変えられる。罪はなおも自己自身の内に深まり行き、かくして神から遠ざかるにもかかわらず、罪は別の意味では一層神に近づくのであり、ますます決定的に自己自身になるのである。罪の赦しについての絶望は、神の慈愛の申し出に明確に対抗する態度である。罪は今や逃避一辺倒というのでもなく、単に防御的でもない。キリスト教を嘘、偽りとして廃棄するところのこの罪は、むしろ攻撃的闘いなのである」（170）。「罪は別の意味では一層神に近づく」という言葉は、しばしば言及するが、『死に至る病』の絶望が、キェルケゴールの明確な言及（12）にもかかわらず、いわば毒を含んだ薬剤としての意味をもっていることを示しているであろう。猛毒が最もすぐれた薬となり得るのだ。

「神と人間は、その間に無限の質的‐差異の存する二つの質である」（171）。この絶対的差異を、神は恩寵の無限の愛の中で、人となることによって解消した（神‐人の逆説）。かく、神は無限の愛であるが、しかし、唯一つ取り除けないことがあった。それが躓きの可能性である。「おお、二つとなき愛の業よ、底知れぬ愛の悲しみよ、神自身も為し得ぬこと、――それは別の意味では神が欲し給わぬことであり、欲し得ぬこととなのだ――よし彼が欲し給うたとしても、この愛の業が人間にはまさに逆のものに、すなわちこの上ない悲惨に転ずるかも知れないということ、それを食い止めることは出来ない相談なのだ！　こうして、あり得べき人間の最大の悲惨は、罪よりも一層大なる悲惨は、キリストに躓き、躓きの内に留まることとなのである」（172）。キェルケゴールは、「我に躓かぬ者は幸いなり」という言葉の重要性を述べ、この言葉が、繰り返し布告され、受け取り直され、各人に向けて聞かされねばならないと述べる。この言葉が正当に扱われないところでは、神を冒涜するキリスト教が存することになる。

ここで問題となっている躓きは、キリスト教を非真理であり、虚偽であるとする積極的なものであるが、キェルケゴールは、躓きのさまざまな形態を問題にしている。躓きの最も低い形態、すなわち人間的に言って最も責めなきものは、キリストに関する全てのことを判断保留にする立場である。これも又、躓きの一形態であり、「汝為すべし」というキリスト教的なものを全く忘れてしまっていることである。「キリスト教が汝に宣教されたということは、汝がキリストについて意見をもつべきなのだ、ということを意味する。キリストがいること、キリストが現存するということ、又現存したということ、そのことは実際、全現存在を決することなのだ。キリストが汝に宣教された時、自分はキリストについて何の意見ももつつもりはないと言うのは、取りも直さず躓きに他ならないのだ」(176)。神が人と成ったということ、この事実は人の世の一大事（Tilværelsens Alvor）であり、キリストの生涯を骨董品のように放置することは、体よく神を無視していることに他ならない。躓きの第二の形態は、否定的な、しかし受動的なものである。この躓きは、キリストを無視することは出来ないと十分に感じているが、しかし信仰することも出来ず、逆説を凝視しつづける。このように躓いた者は、影の如く日を送る。彼のいのちは消耗される、というのも彼は心の最内奥で、常にこの決断事項に没頭しているのだから。そして、躓きの最後の形態がここで問題にしている積極的なものである。この躓きは、先にも述べたが、聖霊に対する罪である。「この躓きは、罪が最高度に達したものであるが、そのことをほとんど人は見逃している、というのも、人はキリスト教的に罪―信仰間の対立を打ち建てないのだから」(179)。「この対立こそ、この著作全体において堅持されて来たのであり、第一編AのAにおいてすでに、全く何らの絶望も存しない状態を示す定式を立てて、自己自身に関係し、自己自身であろうと欲することにおいて、自己は自己を措定した力の内に透明に基礎を置く、と述べられたのである。機会ある毎にしばしば注意されたように、この定式こそが又信仰の定義でもあるのだ」(同)。この後者の文章においても、絶望の諸形態を徹底的に解明する本書が、その解明の動力として、信仰の立場を根底に置いていることが知られる。キェルケゴールは、本書において絶望を病としてのみ位置づけようとしたが、そのことは根本的な齟齬を来たしており、本書全体において、キリスト教信仰の光が満ちているのである。

注

（1） 第四版註参照。
（2） Hohlenberg, J: *Den Ensommes Vej*, Aschehoug, 1968. S. 158.

（3）　S. V. 3udg. Bd. 12, s. 204ff. 大谷長監修『原典訳記念版キェルケゴール著作全集』創言社、第一〇巻、三三〇頁以下参照。

（4）　ニェルス・トゥルストルプ編『セーレン・キェルケゴールに関する手紙と文書』（*Breve og Aktstykker vedrørende Søren Kierkegaard*, ved Niels Thulstrup, 1953）参照。以下の引用は、nr. 213, nr219 である。

（5）　大屋憲一他編『大谷長著作集』第三巻、創言社、二〇〇三年、四二四頁、四八一頁以下参照。なお、山下秀智「非自由の『非 - 自由』性」（『キェルケゴール研究』第八号、七六頁）参照。

（6）　Malantschuk, G: *Dialektik og Eksistens hos Søren Kierkegaard*, H. Reitzels Forlag, 1968. S. 321ff.（大谷長訳『キェルケゴールの弁証法と実存』東方出版、一九八四年、三六四頁以下）。

（7）　「不安という表現によって、選択の契機がいっそう強調され、めまいによっては認識の契機がいっそう強調される」というのは、マランチュクの解釈であるが、分かりにくいので、若干説明する。『不安の概念』には、「不安はめまいと比較し得る。もし眼が深淵を覗き込もうとするなら、彼はめまいを覚える。しかし、その理由は何であるか、それは彼の眼であると共に深淵でもある。もし彼が下へと凝視しさえしなければよかったのだ。それゆえに不安は自由のめまいであり、精神が綜合を定立しようとし、自由が今や自分自身の可能性を見降ろし、その身を支えるために有限性につかまる時、めまいが生じるのである」（S. V. 3udg. Bd. 6, s. 152）と記されている。深淵を凝視するか否かは、不安にあり、可能性を見降ろすのは、めまいであるというのが、マランチュクの文の意味と考えられる。

（8）　「その関係においてその関係に関係する」という表現も分かりにくい。心（Sjel）（現代では sjæl と綴る）という規定においては、ただ、心と肉体という二つの項が相互作用しあうのであるが、そのことを「その関係に関係する」と表現しているのである。関係が、それ自らに関係する事態と比較されたい。

（9）　S. V. 3udg. Bd. 4, s. 279ff. 飯島宗享編『キルケゴールの講話・遺稿集』新地書房、第二巻、二〇三頁以下参照。

(10) Diem, H. :*Die Existenzdialektik von Sören Kierkegaard*, Evangelischer Verlag AG., 1950. 佐々木一義、大谷長共訳『キェルケゴールの実存弁証法』創言社、一九六九年。

(11) Bollnow O. F. :*Existenzphilosophie und Pädagogik*, Kohlgammer, 1959. S. 27. 峰島旭雄訳『実存哲学と教育学』理想社、一九六六年、三九頁以下参照。

(12) 大谷長『キェルケゴールにおける真理と現実性』（著作集第二巻）創言社、二〇〇一年、一七三頁参照。

(13) Meerpohl, B.: *Die Verzweiflung als metaphysisches Pänomen in der Philosophie Sören Kierkegaards*, Würzburg, 1934. S. 61. 大谷長監修、尾崎和彦他訳『絶望の形而上学――キェルケゴール『死に至る病』の問題』東海大学出版会、一九八〇年、一〇三頁。

(14) 桝田啓三郎訳『死に至る病』筑摩書房、一九九六年、二七三頁の訳注を参照。

(15) 中村元編『新・仏教辞典』誠信書房、一九七七年参照。

(16) メールポール前掲邦訳、一二〇頁以下を参照。

(17) 桝田啓三郎訳前掲書、三六八頁参照。

(18) 『真宗聖教全書』一、三経七祖部、大八木興文堂、一九六七年、三〇九頁。

(19) 「未来における現在」「過去における現在」という表現は分かりにくい。例えば七二頁の例で考えると、失恋した娘が、結婚して楽しい生活をしていたであろう未来を考えるのは、未来の内に自分を現在させていることであり、帝王になれなかった老人が、帝王であったであろう過去を考えるのは、過去の内に自分を現在させていることになる。この状態を、本書四〇頁で述べた「純なる安らかさ」と比較すれば、それが神‐関係を見失った絶望であることが、明白である。

(20) メールポール前掲邦訳、一五六頁。

(21) 大谷長『キェルケゴールにおける自由と非‐自由』（著作集第三巻）創言社、二〇〇一年、四一六頁参照。

(22)『法華経』上、岩波文庫本、一九九三年、二四三頁以下。

(23)『著作全集』第三巻（下）、五九九頁以下参照。

(24) Hegel, G. W. F.: *Wissenschft der Logik II*, Felix Meiner（PhB 57）, 1966, S. 33.

あとがき

キェルケゴールは一八四八年初めに、「新しい本が次の題名で書かれるべきだ。根本的に治療する思想、キリスト教的治療」と記している（P. VIII 1 A 558）。そして、この本は、二部からなり、第一部が罪の意識についてであり、死に至る病と言われ、第二部が根本的治療と言われる。後に、この着想の内の最初の部分が『死に至る病』として、後の部分が『キリスト教への修練』として刊行されることになる。それゆえ、この両著作は、互いに相呼応する性格をもっており、読者は、是非『キリスト教への修練』を合わせて読んでもらいたい。

本書の特徴は、出来るだけ、これまで余り知られていなかった『遺稿』の文章を引用しながら、『死に至る病』の根本にあるキェルケゴールの人間観を浮かび上がらせようとしたことである。しかし、限られた紙数の内で、それが十分に成功したとは言い難い。もし、却って読みづらくなった点があれば、読者にお詫びしたい。

二〇一三年には、キェルケゴール生誕二〇〇年を迎える。この小著が、少しでもキェルケゴール理解に資すれば幸いである。又、筆者の理解の行き届かない点も多々あると思われる。読者のご叱正をいただきたい。

末尾ながら、本書執筆の機会を与えていただいた編者の先生方、特に池田善昭先生に感謝の意を表したい。又、晃洋書房の代表取締役社長、上田芳樹氏、松原優両氏には大変なお世話をおかけした。厚く御礼を申し上げる。

二〇一〇年一二月

山下秀智

木田　元・池田善昭・三島憲一　編集委員

《哲学書概説シリーズ》全12巻　概要

Ⅰ デカルト『方法序説』…………………… 山田弘明
Ⅱ スピノザ『エチカ』……………………… 河井徳治
Ⅲ ライプニッツ『モナドロジー』………… 池田善昭
Ⅳ カント『純粋理性批判』………………… 有福孝岳
Ⅴ ヘーゲル『大論理学』…………………… 海老澤善一
Ⅵ キェルケゴール『死に至る病』………… 山下秀智
Ⅶ ニーチェ『ツァラツストラかく語りき』…… 三島憲一
Ⅷ フッサール『ヨーロッパ諸学の危機』‥ 榊原哲也
Ⅸ ホワイトヘッド『過程と実在』………… 山本誠作
Ⅹ 西田幾多郎『善の研究』………………… 氣多雅子
Ⅺ ハイデガー『存在と時間』……………… 後藤嘉也
Ⅻ メルロ=ポンティ『知覚の現象学』…… 加國尚志

《著者紹介》

山 下 秀 智（やました　ひでとも）

1944年　熊本県生まれ

1973年　京都大学大学院文学研究科博士課程（宗教学）単位取得退学

2000年　博士（文学）（京都大学）

現　在　静岡大学名誉教授

主要業績

『宗教的実存の展開』（創言社，2000年）

「無常性の克服──『神の不変性』を読む」（『新キェルケゴール研究』第1号，2001年）

「肉の内なる刺」（『文化と哲学』第19号，2002年）

On Religious Love（『新キェルケゴール研究』第4号，2005年）

Japanese Pure Land Buddhism and Kierkegaard, in *Kierkegaard and Japanese Thought,* edited by James Jiles, Palgrave Macmillan, 2008

哲学書概説シリーズ Ⅵ

キェルケゴール『死に至る病』

2011年２月20日　初版第１刷発行　　＊定価はカバーに

2020年８月25日　初版第２刷発行　　表示してあります

著　者　山 下 秀 智©

発行者　萩 原 淳 平

印刷者　藤 森 英 夫

発行所　株式会社　晃 洋 書 房

〒615-0026　京都市右京区西院北矢掛町７番地

電　話　075(312)0788番(代)

振替口座　01040-6-32280

ISBN978-4-7710-2216-4　印刷・製本　亜細亜印刷（株）